Wer bin ich ?

Qui suis-je ?

Poètes des Cinq Continents

En hommage à Geneviève Clancy qui l'a dirigée de 1995 à 2005.
La collection est actuellement dirigée par
Philippe Tancelin

Série Espace expérimental

La collection « Poètes des Cinq Continents » non seulement révèle les voix prometteuses de jeunes poètes mais atteste de la présence de poètes qui feront sans doute date dans la poésie francophone. Cette collection dévoile un espace d'ouverture où tant la pluralité que la qualité du traitement de la langue prennent place. Elle publie une quarantaine de titres par an.

Dernières parutions

145 – Stella VINITCHI RADULESCU, *Les chambres vides*, 2017.
144 – Laura & Stéphane HURT, *Notes, aphorismes et Poésie. Excavation 2011-2017,* 2017.
143 – Celso GUTFREIND, *Trésor secondaire*, 2017.
142 – Alain HOAREAU, *Ajour*, 2017.
141 – Didier BAZILE, *Jericho*, 2017.
140 – Mohamed Ahmed BENNIS, *Regret en bas de la toile,* 2017.
139 – André PRONE, *Le Messager* suivi de *Clair-obscur,* 2017.
138 – Iocasta HUPPEN, *Le Livre Zen des Saisons, Haïkus,* 2017.
137 – Younes BENKIRANE, *Mon Pays, mon Blues,* suivi de *Un petit bout de ciel,* 2017.
136 – Gilles GONTIER, *A propos d'un lièvre,* 2017.
135 – Christophe LEVIS, *Dopamine et consœurs*, 2016
134 – Pierre MELENDEZ, *Le vent des mots*, 2016.
133 – Mariam MICHTAWI, *Quand Mariam pleure*, 2016.
132 – Nicolas FRAIGNIAUD, *L'hiver veut*, 2016.
131 – Béatrice PAILLER, *Jadis un ailleurs*, 2016.
130 – Pierre SLADDEN, *Lignes de terre*, 2016.
129 – Alain FLAUD, *Le temps Christ, Récit poétique*, 2016.
128 –Simon-Gabriel BONNOT, *Courir dans la chair des murs*, 2016.
127 – Félix MONGET, *Il ne faut pas faire pleurer les anges*, 2016.
126 – Kader MOURTADHOI, *Promesses d'aurore*, 2015.
125 – Pedro CARMONA, *Un soupir qui se froisse*, 2015.

Robert Gernhardt

Wer bin ich ?

Ausgewählte Gedichte

Qui suis-je ?

Choix de poèmes

Bilingue français – allemand

Traduit de l'allemand par Joël Vincent

L'Harmattan

5-7, rue de l'Ecole-Polytechnique, 75005 Paris

http://www.editions-harmattan.fr

ISBN : 978-2-343-13191-7
EAN : 9782343131917

PRÉFACE

Robert Gernhardt est né le 13 décembre 1937 (même jour que Heine, 140 ans plus tard : un détail qui aura valeur d'heureux hasard) à Tallin (*Reval* en allemand) en Estonie ; il faisait donc partie de la minorité germano-balte. Vers la fin de la guerre, la famille déménage à Poznan ; son père meurt en 1945 ; après la guerre, sa mère, allant d'une ville à l'autre, se fixera définitivement à Göttingen avec ses trois fils.

Après des études à l'Académie des Beaux-Arts de Stuttgart, puis de Berlin, il devient peintre indépendant, illustrateur, caricaturiste et écrivain. Il fonde un magazine satirique, *Pardon,* en 1964/65. Puis, en 1980, avec d'autres artistes, il crée son propre journal, *Titanic.* Il publie régulièrement de nombreux livres, romans, nouvelles, récits, satires, livres pour enfants, et écrit aussi des scénarios de films. Son activité poétique s'étend sur au moins cinquante ans, de 1956 à 2006, l'année de sa mort – ses œuvres poétiques complètes sont publiées chez Fischer en un seul volume de plus de 1 000 pages… !

Sa poésie retrouve et renouvelle une longue tradition de satire et d'humour, parfois grotesque. Tradition qui commence avec H. Heine (1797-1856) qu'il vénère particulièrement pour son indépendance d'esprit, son comportement excentrique entre deux pays, ses satires politiques et ses audaces poétiques à caractère parodique. Des poèmes de H. Heine comme « Testament » et « La chanson du refroidi » (extraits des *Lamentations*) pourraient servir d'introductions à l'œuvre de R. Gernhardt. Il a écrit d'ailleurs de nombreuses pages sur Heine, mettant ainsi en évidence leur communauté d'esprit.

Cette tradition se poursuit avec W. Busch (1832-1908), qui fit preuve d'un humour décapant avec ses deux fripons malicieux qu'étaient « Max et Moritz », face à l'horizon mesquin et étroit de son temps. Puis, C. Morgenstern (1871-1914) qui défia l'ordre des choses avec ses jongleries verbales et tenta de secouer chez l'homme le vague et triste sérieux qui le tenait empêtré dans le quotidien. Sa déraison et son extravagance s'incarnèrent alors dans le vif de la vie et il avait cette formule : « Sur les choses un souffle suffit ». Enfin, J. Ringelnatz (1883-1934), saltimbanque, commis débraillé aux quarante métiers qui ouvrit son lyrisme à des objets nouveaux et insolites. On a parlé pour lui de la « poésie de l'asphalte ». R. Gernhardt s'est nourri de tous ces poètes fous de langage pour créer son propre style, une poésie qui fait aliment de tout.

Selon M. Wachendorff : « C'est un acrobate-jongleur de la poésie, un organisme de recyclage et de détournements de citations. »

R. Gernhardt n'oublie pas pour autant que l'homme est un « être de manque », sensible et forcément marqué par tout ce que la vie présente d'absurde, de fragilité où la beauté s'efface et passe, mais hélas, où la laideur souvent dure ; on pense ici à Montaigne : « Le monde n'est qu'une branloire pérenne. Toutes choses y branlent sans cesse. »

Une mélancolie sourde et inquiète – telle une basse continue – court le long de ses poèmes ; vers la fin de sa vie, la douleur et la maladie vont devenir peu à peu des thèmes dominants. Mais paradoxalement, loin de le désespérer, ses poèmes vont alors trouver un autre souffle.

Il s'est exprimé à ce sujet : « Que sont pour le poète la souffrance et la mort ? Une bonne aubaine ? Déchets de la table de la vie ? Et qui œuvre dans la cuisine attenante ? Où il n'y a pas grand-chose à se mettre sous la dent ! Ou bien une espèce de Patapouf agite-t-il la louche ? »

Pour Gernhardt, le poète, ce qui importe le plus, c'est la création poétique « à coups de moqueries de rimes et de beauté » à laquelle participent humour et non-sens. Et le rire n'est jamais loin. « Ce qui est mis en poème est plus sensé que ce qui vit », écrit-il.

En traduisant les poèmes de R. Gernhardt, j'ai senti qu'il m'était nécessaire de les voir sous un angle traductile, c'est à dire en m'efforçant de capter les rythmes de ses vers qui procèdent souvent par contraction ou extension, et aussi d'en préserver le sens et le non-sens, le côté farce, le tout étant d'en assurer la fluidité.

R. Gernhardt a eu de nombreux prix parmi lesquels : en 1998, le prix Brecht de Littérature ; en 1999, le prix Erich Kästner ; puis, en 2001, le prix Schubart de poésie ; en 2004, le prix H. Heine de la ville de Düsseldorf et le prix J. Ringelnatz de poésie ; en 2006 : le prix W. Busch.

1.

WER BIN ICH ?

QUI SUIS-JE ?

ICH SELBST

SELBSTAUSSAGE (1)

Ich mach mir nichts aus Marschmusik,

ich mach mir nichts aus Schach.

Die Marschmusik macht mir zuviel,

das Schach zuwenig Krach.

SELBSTKRITIK (2)

« Ich trage, wo ich gehe,

mein Antlitz im Gesicht. »

Ich schriebe gerne einfach

und schreib ganz einfach schlicht.

SELBSTBEFRAGUNG (3)

Ich horche in mich rein.

In mir muss doch was sein.

Ich hör nur « Gacks » und « Gicks ».

In mir da ist wohl nix.

MOI-MÊME

MES DIRES (1)

Je n'ai que faire de la musique militaire,

que faire aussi du jeu d'échecs.

La musique me tape sur les nerfs,

et trop peu de bruit font les échecs.

AUTO-CRITIQUE (2)

« Là où je vais, je porte ma face

et m'apparais à moi-même. »

Mes écrits visaient un style simple

les voilà empreints d'une pure simplicité.

AUTO-INTERROGATION (3)

J'écoute mon for intérieur.

Il doit s'y nicher quelque valeur.

Je n'entends que des « couacs ».

Des riens seraient donc en moi.

SELBSTFINDUNG (4)

Ich weiss nicht, was ich bin.

Ich schreibe das gleich hin.

Da hab'n wir den Salat :

ich bin ein Literat.

ME TROUVER MOI-MÊME (4)

J'ignore ce que je suis.

Suis en passe de l'écrire.

Mais voilà le bouquet :

ne suis-je pas homme de lettres.

SELBSTBEWUSSTSEIN (5)

Und kommt von euch auch keiner auf den Trichter –

verlacht mich ruhig ! Eines bleibt gewiss :

als Mensch bin ich wie ihr. Jedoch als Dichter

bin ich ein Wesen mui generis.

CONSCIENCE DE SOI (5)

Si parmi vous personne ne trouve la bonne voie –

et qu'on se moque de moi sans hésiter ! Une chose est sûre :

homme je suis comme vous. Cependant poète,

je suis un être mui generis.

SELBSTVERTEIDIGUNG (6)

Die alte Frage « Wer bin ich ? »

hebt wieder mal ihr Haupt.

« Du bist viel blöde, Frage !

Hau ab, sonst ich dich schlage ! »

Da läuft sie, dass es staubt !

AUTO-DÉFENSE (6)

La vieille question : « Qui suis-je ? »

lève la tête une fois de plus.

« Question, que tu es niaise !

Décampe, sinon je te frappe ! »

Alors elle file à en soulever la poussière !

ALLES ÜBER RT

Robert Trostbedürftig fährt
in die Stadt nach Streicheln,
doch wen immer er auch trifft,
keiner will ihm schmeicheln.

Robert Trostbedürftig eilt
ins Lokal nach Loben,
doch der Wirt erklärt ihm barsch :
Unten ist nicht oben.

Robert Trostbedürftig rennt
vor Gericht nach Rache,
doch dem Kläger scheint es, als
ob der Richter lache.

Robert Trostbedürftig geht
gänzlich vor die Hunde.
Kommt ein kleines Kätzchen an,
leckt ihm seine Wunde.

TOUT SUR RT

Robert en mal de réconfort part
à la ville en quête de caresses,
mais quelle que soit la rencontre,
il ne reçoit nul câlin.

Robert en mal de réconfort file
vers un café en quête d'éloges,
mais le patron le rabroue :
qui est coulé ne roucoule.

Robert en mal de réconfort court
au tribunal en quête de vengeance,
mais il semble au plaignant
que le juge lui rit au nez.

Robert en mal de réconfort tombe
carrément dans la misère.
Un chaton passant par là,
lui lèche alors tous ses maux.

NICHTTRINKLIED

Das Schicksal hat es so gefügt,

dass mir am Alkohol nichts liegt.

Mich lockt nicht Bier, nicht Gin, nicht Wein –

Na ja, ein Wein, der darf schon sein.

Mich lockt nicht Korn, nicht Bier, nicht Gin –

ist da ein Gin ? Dann immer rin !

Mich lockt nicht Wein, nicht Korn, nicht Bier –

Da kommt ein Bier, das nehmen wir !

Mich lockt nicht Gin, nicht Wein, nicht Korn –

Her mit dem Korn ! Und dann von vorn :

Das Schicksal hat es so gefügt,

dass mir am Alkohol nichts liegt, etc.

LA CHANSON DU NON-BUVEUR

Le destin en a décidé ainsi,

qu'en moi, rien ne tient à l'alcool.

Ne m'attirent ni bière, ni gin, ni vin –

Eh bien, un p'tit vin, ça ne rend pas chagrin.

Ne m'attirent ni eau-de-vie, ni bière, ni gin –

Y'a là un gin ? Ça, c'est pas de la bibine !

Ne m'attirent ni vin, ni eau-de-vie, ni bière –

Mais voilà une bière ! On n'est pas peu fier !

Ne m'attirent ni gin, ni vin, ni eau-de-vie –

Par ici l'eau-de-vie ! On y va franco sans avis :

Le destin en a décidé ainsi,

qu'en moi, rien ne tient à l'alcool, etc.

BIOGRAPHIE

Ich war zum Unglück vorbestimmt
Ich war als Dulder strukturiert
Ich war auf Leiden angelegt
Ich war fürs Scheitern programmiert :
Ich war der geborene Künstler.

Ich bin ein Hans, das meint : im Glück
Ich bin es voller Ungeduld
Ich bin so sehr auf Freuden aus
Ich bin zum Sieger umgepolt :
Ich bin ein geschworener Lebenskünstler.

BIOGRAPHIE

J'étais prédestiné au malheur
J'étais structuré en souffre-douleur
Je portais en germe toutes les peines
J'étais programmé pour échouer :
J'étais l'artiste-né.

Je suis un veinard, entendez : Jeannot la chance
Je déborde d'impatience
Je suis tellement en veine de joies
J'ai changé complètement, suis un gagnant :
c'est juré, je suis quelqu'un qui sait vivre.

PORTRAIT

Das Leben zeichnet mich :
Da hast du dein Gesicht !
Lass stecken, sage ich,
Dein Werk gefällt mir nicht.
Die Haut ist mir zu fahl.
Das Haar ist mir zu dünn.
Auch säh ich mich gern schmal,
Mit ausgeprägtem Kinn.
Das Leben schreit : es reicht !
Welch lachhafte Beschwerden !
Willst du ab jetzt vielleicht
Vom Tod gezeichnet werden ?

PORTRAIT

La vie m'a marqué :
Ton visage a de ces traits !
Laisse donc, me dis-je,
Son œuvre me déplaît.
Bien trop terne ma peau.
Mes cheveux trop clairsemés.
Je me verrais bien mince,
Le menton prononcé.
La vie s'écrie : ça suffit !
Quelles plaintes risibles !
Peut-être veux-tu dès lors
être marqué par la mort ?

RONDO

So, voll Müdigkeit und Trauer,
Endet jegliche Geschichte.
Alles macht die Zeit zunichte.
Mit der Zeit wird niemand schlauer,
Da das kein Geschöpf auf Dauer
Aushält, dieses stete Enden,
Diese Leere in den Händen,
So voll Müdigkeit und Trauer.

RONDO

Que de lassitude, de tristesse,
Toute histoire finit brisée.
Le temps réduit tout à néant.
Nul ne s'en rend plus avisé,
À la longue nulle créature
La constance de ces fins n'endure,
Dans les mains rien que du vide,
Que de lassitude, de tristesse.

ZUFRIEDENHEIT

Ich sitze gern allein in vollen Zelten
Wenn links ein Schluchzen
Rechts ein Schelten
Ein Weinen vorn
Und hinten so ein Stöhnen
Mich mit dem Zelt, der Welt
Und meinem Einsamsein versöhnen.

CONTENTEMENT

J'aime camper seul dans un campement bondé
Quand à gauche des sanglots
À droite une réprimande
Devant des pleurs
Et derrière des gémissements
Me réconcilient avec la tente, le monde
Et mon âme veuve.

SIEBENMAL, MEIN KÖRPER	SEPT FOIS MON CORPS
Mein Körper ist ein schutzlos Ding	Mon corps est une chose sans défense
Ein Glück, dass er mich hat.	Une chance qu'il m'ait, je pense.
Ich hülle ihn in Tuch und Garn,	Je le drape de tissu et de fils,
Und mach' ihn täglich satt.	Et le rassasie chaque jour.
Mein Körper hat es gut bei mir,	Mon corps est bien chez moi,
Ich geb' ihm Brot und Wein.	Je lui donne pain et vin.
Er kriegt von beidem nie genug,	Il n'en a jamais assez des deux,
Und nachher muss er spein.	Et alors forcément il vomit.
Mein Körper hält sich nicht an mich,	Mon corps ne s'en tient pas à moi,
Er tut, was ich nicht darf.	Et agit sans ma permission.
Ich wärme mich an Bild, Wort, Klang,	Je m'échauffe de tableaux, de mots, de sons,
Ihn machen Körper scharf.	Ces corps étrangers piquent sa curiosité.
Mein Körper macht nur, was er will,	Mon corps n'en fait qu'à sa guise,
Macht Schmutz, Schweiss, Haar und Horn.	Produit crasse, sueur, cheveux, Corne.
Ich wasche und beschneide ihn	Je le lave et puis le rogne
Von hinten und von vorn.	Par-devant et par-derrière.
Mein Körper ist voll Unvernunft,	Mon corps est plein de déraison,
Ist gierig, faul und geil.	Est cupide, paresseux et lubrique.
Tagtäglich geht er mehr kaputt,	Chaque jour, il s'abîme un peu plus,
Ich mach'ihn wieder heil.	Je lui redonne alors du tonus.
Mein Körper kennt nicht Mass noch Dank	Mon corps ne connaît ni mesure ni gratitude

Er tut mir manchmal weh.
Ich bring ihn trotzdem übern Berg
Und fahr' ihn an die See.
Mein Körper ist so unsozial.
Ich rede, er bleibt stumm.
Ich leb'ein Leben lang für ihn.
Er bringt mich langsam um.

Il me fait parfois du mal.
Malgré tout je le fais passer par monts et vaux
Pour l'amener à la mer.
Mon corps est bien asocial.
Je parle, il reste muet.
Une vie durant, je vis pour lui.
Il me tue à petit feu.

NOCH EINMAL : MEIN KÖRPER

Mein Körper rät mir :
Ruh dich aus !
Ich sage : mach'ich,
Altes Haus !
Denk'aber : ach,der
Sieht's ja nicht !
Und schreibe heimlich
Dies Gedicht.
Da sagt mein Körper :
Na, na, na !
Mein guter Freund,
Was tun wir da ?
Ach gar nichts ! sag'ich
Aufgeschreckt,
Und denk' : wie hat er
Das entdeckt ?
Die Frage scheint recht
schlicht zu sein,
doch ihre Schlichtheit
ist nur Schein.
Sie lässt mir seither
keine Ruh :
Wie weiss *mein* Körper
Was *ich* tu ?

ENCORE UNE FOIS : MON CORPS

Conseil de mon corps :
Repose-toi !
Je dis : compte sur moi,
Vieille branche !
Mais je pense : ah, ça
Il ne le verra pas !
Et j'écris en secret
Ce poème.
Alors mon corps dit :
Eh bien ouais !
Mon bon ami,
Qu'est-ce qu'on fait là ?
Ah, rien du tout, dis-je
Dans un sursaut de peur,
En pensant : comment
Il a découvert ça ?
La question semble
être toute simple,
mais cette simplicité
n'y est qu'apparence.
Dès lors elle me harcèle
sans cesse :
Comment *mon* corps sait-il
Ce que *je* fais ?

2.

ÜBER DIE DICHTER

SUR LES POÈTES

GOETHE

Vom Vater hat er die Statur,
des Lebens ernstes Führen,
von Mütterchen die Frohnatur
und Lust zu fabulieren.

GOETHE

Du père il a la stature,
une conduite sérieuse de la vie,
de petite mère joyeuse nature
et d'affabuler envie.

HEINE	HEINE
Denkt er an Deutschland in der Nacht,	Pense-t-il à l'Allemagne la nuit,
dann ist er um den Schlaf gebracht,	qu'il en perd alors le sommeil,
er kann nicht mehr die Augen schliessen	ne peut plus fermer les yeux
und seine heissen Tränen fliessen.	et lui coulent de chaudes larmes.

NIETZSCHE

Er wohnt in seinem eigenen Haus,
hat niemandem nie nichts nachgemacht
und – lachte noch jeden Meister aus,
der nicht sich selber ausgelacht.

NIETZSCHE

Il habite dans sa propre maison,
n'a jamais imité personne en rien
et – se moquait bien de tout maître,
qui ne s'est pas moqué de lui-même.

RILKE

Er lebt sein Leben in wachsenden Ringen,

die sich über die Dinge ziehn.

Er wird den letzten vielleicht nicht vollbringen,

aber versuchen will er ihn.

RILKE

Il vit sa vie en cercles croissants,

qui s'étendent au-dessus des choses.

Peut-être qu'il n'accomplira pas le dernier,

mais il veut faire l'essai.

BRECHT

Er, Bertolt Brecht, ist aus den schwarzen Wäldern.

Seine Mutter trug ihn in die Städte hinein

als er in ihrem Leibe lag. Und die Kälte der Wälder

wird in ihm bis zu seinem Absterben sein.

BRECHT

Lui, Bertolt Brecht, vient des noires forêts.

Sa mère le porta en plein milieu des villes

quand elle était enceinte de lui. La froideur

des forêts restera en lui jusqu'à son dernier soupir.

BENN

In seinem Elternhaus hingen keine Gainsboroughs

Wurde auch kein Chopin gespielt

Ganz amusisches Gedankenleben

Sein Vater war einmal im Theater gewesen

Anfang des Jahrhunderts

Wildenbruchs « Haubenlerche »

Davon zehrten sie

Das war alles.

BENN

Dans la maison de ses parents pas un Gainsborough

D'accroché et on ne jouait pas de Chopin

Un horizon de pensée tout à fait béotien

Son père avait été une fois au théâtre

Au début du siècle

« l'alouette huppée » de Wildenbruch

Ils ne juraient que par ça

Ce fut tout.

DER DICHTER

Abends zählt er seine Leiden,
Tut sich an dem Vorrat weiden,
Wählt eins aus, bedichtet es,
Und das Dichten richtet es.

Morgens aber fleht er wieder :
Schicksalshammer, sause nieder !
Denn ich wähn mich schon im Grab
Wenn ich nichts zu dichten habe.

LE POÈTE

Le soir il compte ses peines,
Réserves dont il se repaît,
S'en choisit une, la versifie,
Et le poème lui donne vie.

Mais au matin, supplie à nouveau :
Coups du sort, fondez sur moi !
Sinon je me crois déjà au tombeau
Quand je n'ai rien pour faire poème.

BESCHEIDENER DICHTER

Älter ist das Wort
Und gewitzter als ich.
Dauernder der Satz :
Wozu braucht der mich ?
Satz verlangt nach Satz :
So entsteht Gedicht.
Und das macht dann Sinn.
Aber ich doch nicht.

POÈTE MODESTE

Plus vieux est le mot
Et plus rusé que moi.
Plus durable la phrase :
À quoi lui suis-je utile ?
La phrase désire la phrase :
Ainsi naît le poème.
Qui alors fait sens.
Mais pas moi.

ABGEKLÄRTER DICHTER

Ob ich dem X seinen Bucherfolg neide ?

Die Welt ist doch gross. Sie hat Platz für uns beide.

Der nimmt mir doch nichts ; diese schmierige Kröte,

Ausser : den Ruhm und den Frauen und die Knute .

POÈTE SEREIN

Vais-je envier à X le succès de son livre ?

Le monde est assez grand. Il y a place pour nous deux.

Sûr qu'il ne me prend rien, cette teigne mielleuse,

Hormis : la gloire ; les femmes et le pognon.

ZORNIGER JUNGER DICHTER

Gedicht kann beides sein :
Klage und Feier.
Dies geht mir auf den Sack,
Das auf die Eier.

JEUNE POÈTE COLÉRIQUE

Le poème peut être deux choses :
Plainte et fête.
L'une, ça me les casse,
L'autre, c'est marcher sur des œufs.

MILDER ALTER DICHTER

Um mich zum Schreiben zu bringen, Kinder,

Braucht's Anreiz nicht,

Ansporn nicht oder Belohnung.

Ich schreibe, wie der Vogel schreibt :

Ungefragt, unbedarft, ununterbrochen.

VIEUX POÈTE INDULGENT

Pour me mettre à écrire, les enfants,

Pas besoin d'incitation,

Pas de stimulant ou de récompense.

J'écris comme l'oiseau fait des trilles :

Sans être interrogé, candide, sans relâche.

VERLIEBTER DICHTER

Freude in der Strasse :
Dichter ist verliebt !
Ja, wenn das nicht
Einen Haufen
Schöne Gedichte ergibt !
Jubel in der Strasse :
Frau hat ihn verschmäht !
Na, wenn das nicht
Mehr als eine
Elegie entsteht !
Zweifel in der Strasse :
Frau hat ihm gewinkt !
Tja, ob das nicht
Etwas für die
Dichtung bringt !
Kummer in der Strasse
Frau hat ihn geküsst.
Ach,wenn das mal
Nicht der Anfang
Von dem Ende ist !
Trauer in der Strasse :
Frau hat ihn erhört.
Das weiss jeder
Damit hat sich's
Leider ausgeröhrt.

POÈTE AMOUREUX

Joie dans la rue :
Le poète est amoureux !
Oui, si avec ça
On n'a pas un tas
De beaux poèmes !
Jubilation dans la rue :
Une femme l'a éconduit !
Et alors, s'il ne sort
Pas de là
Plus qu'une élégie !
Doute dans la rue :
Une femme lui a fait signe !
Eh bien, si
Ça n'amène pas de quoi
Faire de la poésie !
Chagrin dans la rue
Une femme l'a embrassé.
Ah, si c'est
Pas ça
Le début de la fin !
Tristesse dans la rue :
une femme l'a exaucé.
Là chacun sait
que ça sera tout, hélas,
Avec la fin du brame.

3.

ÜBER HEINE

SUR HEINE

VORSATZ

Gen Italien will ich reisen,
um im Schatten der Zypressen
deutscher Nebel, deutscher Händel
deutscher Knödel zu vergessen.
In dem Herzen der Toskana
will vom Deutschtum ich genesen.
und um meinen Sinn zu fest'gen
werd'ich Heinrich Heine lesen.

RÉSOLUTION

Vers l'Italie je veux voyager,
pour oublier à l'ombre des cyprès
le brouillard allemand, les querelles allemandes,
les quenelles allemandes.
Au cœur de la Toscane
je veux guérir de la germanitude.
Et pour fixer mon esprit
je lirai Henri Heine.

ZÖGERN

Ich weiss nicht, was soll das bedeuten,
dass ich so unschlüssig bin.
Ein Urteil aus Urschülerzeiten,
das will mir nicht aus dem Sinn.

« Der Heine ? Ein Blender, kein Dichter.
Ein Journalist, kein Poet.
Nie schluchzt er, nie singt er, stets spricht er.
Ein Feuerwerk. Kein Komet. »

Der Heine scheint's nicht zu bringen,
hat sich da der Schüler gesagt.
Das hat mit seinem Singen
der Studienrat Kraus gemacht.

TERGIVERSATIONS[1]

Je ne sais ce qui me rend si indécis,
ni ce que cela veut dire.
Un jugement des temps scolaires
qui ne veut s'effacer de mon souvenir.

« Le Heine ? Un jeteur de poudre aux yeux, pas un
poète, un journaliste, pas un poète.
Jamais il ne sanglote ni ne chante, sans cesse
il parle. Un feu d'artifice. Pas une comète. »

Le Heine ne semble pas à la hauteur,
voilà ce qu'avait dit l'élève.
Avec ses chantonnements
ça a rendu confus le professeur.

ER BEGINNT DIE LEKTÜRE

Ein Buch zu öffnen, meint auch zu verreisen…
Heisst mehr noch : sich auf Neuland vorzuwagen.
Ob seine Worte brechen oder tragen,
Muss sich beim Lesen Satz für Satz erweisen.
Der Heine trug sogleich.Wie man das Eisen
Durch kunstvolle Chemie in Stahl verwandelt,
Hat er das Wort gestählt, das, so behandelt,
Imstand ist, jeden Dienst sich zu befleissen,
Den ihm der Dichter abverlangt. Und Heine
Verlangte viel. Der Kranz seiner Sonette
Dem er den Titel « Fresko » gab, alleine
Würd', wenn er andres nicht geschrieben hätte,
Genügen, seinen Namen zu bewahren :
So jung und schon so leid – und kunsterfahren !

IL COMMENCE LA LECTURE

Ouvrir un livre veut dire aussi partir en voyage...
Signifie bien plus : oser s'avancer vers un domaine inconnu.
Que ses mots marquent des ruptures ou portent,
Ça doit se révéler en lisant phrase après phrase.
Le Heine porta tout de suite. Tout comme on transforme du
fer en acier par une opération chimique digne de l'art,
Il durcit le mot qui, ainsi traité,
Fut alors en état de s'appliquer à toute fonction,
Demandée par le poète. Et Heine
Exigea beaucoup. La couronne de ses sonnets
À laquelle il donna le titre de « Fresko », à elle seule
S'il n'avait pas écrit autre chose,
Suffirait à conserver son nom :
Si jeune et déjà si versé dans l'art et la douleur !

ST. HEINE

Jedwedes Dichten hat Folgen,
An die ein Poet nie gedacht.
Du, Heine, hast uns Literaten
Den Frieden auf Erden gebracht.

Dich, Heine, preisen hier Federn,
Die sich sonst bekämpfen aufs Blut.
Laut rühmt dich der Reich-Ranicki,
Und der Raddatz-Fritz ist dir gut.

Auf dich berufen sich Dichter,
Die einander sonst spinnefeind.
Dein Lob hat zerstrittne Poeten
Wie Rühmkorf und Biermann geeint.

Viel fehlt nicht, sie sprechen dich heilig.
Willst du nicht dessen erwhr'n,
Dann lasse nochmal deine Stimme
In göttlicher Frechheit hör'n.

SAINT-HEINE

Toute écriture poétique a des effets,
Auxquels un poète n'a jamais pensé.
Toi, Heine, à nous les littérateurs,
Tu as apporté la paix sur terre.

Toi, Heine, des plumes ici te célèbrent,
Qui, sans cela, se combattraient à l'extrême.
Haut et fort le Reich-Ranicki fait ton éloge,
Et le Raddatz-fritz est bien disposé envers toi.

Des poètes se réclament de toi,
Qui, d'ordinaire, sont à couteaux tirés.
Rühmkorf et Biermann, poètes
En bisbille ont uni leurs louanges.

Il ne s'en est fallu de peu qu'ils te sanctifient.
Ne veux-tu pas t'en défendre,
Et faire encore une fois entendre
Ta voix dotée d'une divine insolence.

Sag uns was zum Reich-Ranicki,	Dis-nous quelque chose sur Reich-Ranicki,
Zum Biermann, zum Raddatz-Fritz,	Sur Biermann ; sur Raddatz-Fritz,
Zum Rühmkorf, zum Schreiber der Zeilen,	Sur Rühmkorf, sur celui qui écrit ces vers,
Zu allen, die deinen Witz	Sur tous ceux qui honorent
Aus sichrer Entfernung verehren –	Tes traits d'esprit à une bonne distance –
Tritt ihnen nur einmal zu nah :	Les froisserais-tu, une fois seulement :
Und statt des heiligen Heine	Qu'au lieu de Heine, le saint
Wär wieder der höllische da.	On aurait de nouveau le diabolique.

4.

ÜBER DIE KUNST

SUR L'ART

WAS IST KUNST ?	QU'EST-CE QUE L'ART ?
Hab'n Sie was mit Kunst am Hut?	L'art est-il votre tasse de thé ?
Gut.	Enchanté.
Denn ich möchte Ihnen allen	Car je serais tenté de vous taper
etwas auf den Wecker fallen	sur les nerfs, à vous tous.
Kunst ist was ?	L'art, c'est quoi ?
Das :	Comme il se doit :
Kunst, das meint vor allen Dingen	l'art vise avant tout à donner
andren Menschen Freude bringen	de la joie à d'autres humains
und aus vollen Schöpferhänden	et pleinement créateur, naît de mains
Spass bereiten, Frohsinn spenden,	qui divertissent, offrent de la gaieté,
denn die Kunst ist eins und zwar	car l'art est unique et en effet
heiter. Und sonst gar nichts. Klar ?	il déride. Et sinon, rien du tout. c'est clair ?
Ob das klar ist ? Sie ist heiter !	Est-ce clair ? Il déride !
Heiter und sonst gar nichts weiter !	Déride et sinon rien du tout, que du vide !
Heiter ist sie ! Wird es bald ?	Sûr qu'il déride ! alors c'est pour bientôt ?
Heiter ! Hab'n Sie das geschnallt ?	Il déride ! Vous avez pigé ça ?
Ja ? Dann folgt das Resümee ;	Oui ? Alors résumons ;
bitte sehr :	Je vous en prie :
Obenstehendes ist zwar	ce qui est au-dessus n'est sans doute
alles Lüge, gar nicht wahr,	que mensonges, sans un mot de vrai,
und ich meinte es auch bloss	ce n'était là en quelque sorte qu'une idée
irgendwie als Denkanstoss –	pour inciter à penser –
aber wenn es jemand glaubt :	mais si quelqu'un y croit :

ist erlaubt.	c'est permis, ma foi.
Mag ja sein, dass wer das mag.	Bien possible que ça plaise à quelqu'un.
Guten Tag.	Bonjour et à demain.

KUNST UND LEBEN

Es gibt in Leben wie in Kunst
Nur Schrott und allererste Sahne.
Zum Biespiel Markus. Der ist Schrott.
Doch Pablo : allererste Sahne.
Oder die Karin : eitel Schrott.
Die Marlen : allererste Sahne.
Der Johann Wolfgang dito. Aber
Der Max ? Der ist doch sahnemässig
Nicht allererste, folglich Schrott.
So,wie die Gabi nicht, der Günter
Nicht alleraller, ergo Schrott.
Schrott auch der Piet. Dagegen Pieter
Die allerallererste. Aber
Der Peter erst. Sowas von Schrott,
Nein Sahne, nein, nicht Sahne, sondern
Nein, nein, nicht Schrott, doch auch nicht Sahne,
Nein,zwischen Schrott und Sahne irgend –
Wo angesiedelt, dort, wo's grau wird

ART ET VIE[2]

Il n'y a dans la vie comme en art
Que camelote et excellence.
Par exemple Marc : du côté de la camelote.
Mais Pablo : celui qui excelle.
Ou bien la Karine : camelote et vanité.
La Marlène : celle qui excelle.
Le Johann Wolfgang idem. Mais.
Le Max ? Pourtant tendu vers l'excellence
N'excelle pas, par conséquent, fait de la camelote.
Tout comme la Gabi non plus, le Günter
Ne force en rien, donc produit de la camelote.
Camelote aussi pour Piet. Par contre le Pieter
C'est l'excellence au carré. Mais
D'abord le Peter. Quelque chose qui a l'air de camelote,
Non plutôt excellence, non pas vraiment, mais
Non, non, pas camelote, mais pas pour autant excellence,
Non, établi quelque part entre camelote et excellence –
Dans une zone grise, là où

Und Grenzen träge fliessen, bis sie

Zu einer Sosse alles mengen :

In unsrer Welt aus Sott und Schrahne.

Des frontières coulent mollement, jusqu'à

Mélanger le tout en une sauce :

Dans notre monde fait de camellence et d'excelote.

HUNDE UND BILDER

Die Toskana ist voll von Hunden.
Die Hunden sind voll von Gebelle.

Es gibt in der ganzen Toskana keine
Halbwegs ruhige Stelle.
Die Toskana ist voll von Bildern.

Auf manchen finden sich Hunde.
Die sind gemalt und schauen daher
Dankenswert stumm in die Runde.

Die Toskana ist voll von Fremden.
Wegen der Bilder, nicht wegen Tieren.
Doch gehn Bilder manchmal am Arsch vorbei
Und die Hunde voll an die Nieren.

CHIENS ET TABLEAUX

La Toscane regorge de chiens.
Les chiens nous soûlent d'aboiements.

Il n'y a dans toute la Toscane
À peu près aucun endroit tranquille.
La Toscane et les tableaux, c'est tout un.

Sur plus d'un, on trouve des chiens.
Qui sont peints et de là regardent
À la ronde, dans un louable mutisme.

La Toscane est pleine d'étrangers.
À cause des tableaux, pas des chiens.
Mais parfois, c'est fichu, on passe devant les tableaux
Et les chiens sont touchés au vif.

ALLES ÜBER DEN KÜNSTLER	TOUT SUR L'ARTISTE
Der Künstler geht auf dünnem Eis.	L'artiste se risque sur un terrain peu fiable.
Erschafft er Kunst ? Baut er nur Scheiss ?	Crée-t-il de l'art ? Se plante-t-il seulement ?
Der Künstler läuft auf dunkler Bahn.	L'artiste s'élance sur une piste sombre.
Trägt er zu Ruhm ? Führt sie zum Wahn ?	Porte-t-elle vers la gloire ? Mène-t-elle à la folie ?
Der Künstler stürzt in freiem Fall.	L'artiste se précipite en chute libre.
Als Stein ins Nichts ? Als Stern ins All ?	Telle une pierre dans le néant ? Une étoile dans l'univers ?

MATERIALIEN ZUR KRITIK EINER DER BEKANNTESTEN GEDICHTFORMEN ITALIENISCHER HERKUNFT

Sonette find ich sowas von beschissen,
So eng, rigide, irgenwie nicht gut ;
Es macht mich ehrlich richtig krank zu wissen,
Dass wer Sonette schreibt.Dass wer den Mut

Hat, heute noch so'n dumpfen Scheiss zu bauen ;
Allein der Fakt, dass so ein Typ das tut,
Kann mir in echt den ganzen Tag versauen.
Ich hab da eine Sperre. Und die Wut

Darüber, dass so'n abgefuckter Kacker
Mich mittels seiner Wichsereien blockiert,
Schafft in mir Aggressionen auf den Macker.

VOILÀ DE QUOI MATÉRIALISER UNE CRITIQUE D'UNE DES FORMES POÉTIQUES D'ORIGINE ITALIENNE LA PLUS CONNUE[3]

Les sonnets, ce genre-là, je le trouve plutôt chiant,
Collet monté, mal venu, Dieu sait comment ;
Ça me rend franchement malade de savoir
Qui écrit des sonnets. Qui a le courage

De bâtir de nos jours du vague aussi merdique ;
Qu'un type fasse ça, rien que de le voir
Peut me gâcher toute une journée, bernique !
J'ai vraiment là un blocage. Et la rage

De sentir qu'un drôle de petit chieur
Me bloque avec ses tromperies de branleur,
Me pousse alors à agresser le mecton.

Ich tick nicht, was das Arschloch motiviert.

Ich tick es echt nicht. Und wills echt nicht wissen :

Ich find Sonette unheimlich beschissen.

Je ne rumine pas ce qui motive ce vrai con.

Mais vraiment pas. Et ne veux pas le savoir, vraiment :

Je trouve les sonnets sinistrement chiants.

SONETT VOM VERSUCH EINES AMERIKANISCHEN PRESSESPRECHRES, EINEM IRAKISCHEN KIND DEN KRIEG ZU ERKLÄREN

Mein liebes Kind, wir wollen dich befreien.

Das heisst : wir müssen dich zuvor beschiessen.

Wenn du das so verstehst : als das Begiessen

Des Pflänzchens Freiheit, wirst du uns verzeihen.

Mein Kind, dir blüht die Mutter aller Bomben.

Wenn sie dich trifft, dann nimm das nicht persönlich.

Wenn du sie triffst, so grüsse sie versöhnlich :

Wo keiner bohrt, kann niemand was verplomben.

Das meint : wenn wir dir deine Stadt zerhauen,

Dann mit dem Zweck ; sie schöner aufzubauen.

Sofern du tust,mein Kind,was dir geheissen,

SONNET D'UN ATTACHÉ DE PRESSE AMÉRICAIN QUI ESSAIE D'EXPLIQUER LA GUERRE À UN ENFANT IRAKIEN[4]

Mon cher enfant, nous voulons te libérer.

C'est-à-dire : forcés d'abord de te bombarder.

Si tu comprends d'abord ça : c'est pour arroser

La petite plante Liberté, et tu nous pardonneras.

Mon enfant, c'est la mère de toutes les bombes qui t'attend.

Si elle te touche, alors ne prends pas ça pour toi.

Si tu la touches, salue-la et sois conciliant :

Là où on ne fait pas de trou, on ne peut obturer.

Ainsi s'entend : si nous bousillons ta ville,

C'est dans le but de la refaire plus belle.

Si tant est, mon enfant, que tu suives nos ordres,

Wirst du schon bald das Reich der Freiheit schauen.	Tu verras bientôt le royaume de la liberté.
Du zweifelst noch ? Uns kannst du blind vertrauen :	Tu doutes encore ? Fie-toi à nous les yeux fermés.
Wer dich beschiesst, muss dich nicht noch bescheissen.	Car qui te tue ne doit pas en plus te berner.

5.

ÜBER DIE LIEBE

SUR L'AMOUR

LIEBE UND TOD

– Sag, wie hältst du's mit der Liebe ?
– Gott, wie soll ich's mit ihr halten ?
Fürchte, sie ist am Veralten,
am Verblühen,am Erkalten :
oder altern meine Triebe ?
– Sag, wie hältst du's mit dem Tod ?
– Gut, mich dazu zu befragen.
hab ihn stets in mir getragen,
kann heut mit Bestimmtheit sagen:
der kommt niemals aus der Mode.

AMOUR ET MORT

– Dis-moi, comment en uses-tu avec l'amour ?
– Grand Dieu, comment dois-je en user ?
Je crains qu'il ne soit en passe de vieillir,
de se flétrir, se refroidir :
ou bien mes pulsions prennent de l'âge ?
– Dis-moi, comment en uses-tu avec la mort ?
– C'est bien de m'interroger là-dessus.
Je l'ai toujours portée en moi,
et peux dire avec certitude aujourd'hui :
elle ne passe jamais de mode.

LIEBESGEDICHT

Kröten sitzen gern vor Mauern,

Wo sie auf die Falter lauern.

Falter sitzen gern an Wänden,

Wo sie dann in Kröten enden.

So du, so ich, so wir ;

Nur – wer ist welches Tier ?

POÈME D'AMOUR

Les crapauds aiment se tapir près des murailles,

Où ils guettent les papillons.

Les papillons aiment se poser près des murs,

Où ils finissent, happés par les crapauds.

Ainsi toi, ainsi moi, ainsi nous.

À ceci près – lequel de nous deux sera la proie de l'autre ?

MALADE BALLADE

Es war in grauer Novembernacht,
Da ist die Frau unter Schmerzen erwacht ;
« Was stehst da im Dunkel, mein lieber Mann
Und fassest so schmerzhaft mein Füsslein an ? »
« Und fass ich dein Füsslein so schmerzhaft an,
So ist das nicht ohne Absicht getan. »
« Sag mir, mein Mann, welche Absicht du hast,
Wenn du nächtens mein Füsslein so schmerzhaft anfasst ? »
« Ich, Frau, bin krank, und ich möchte gesunden.
Da hat mir mein Arzt ein Mittel gefunden. »
« Welch Mittel, mein Mann ? O sag mir gezielt,
Welch Rolle mein schmerzhaftes Füsslein spielt ! »
« Dein Füsslein allein vertreibt meine Pein,
Drum brech ich es ab und verleib es mir ein. »
« Und hilft dir mein Füsslein zu gesunden,

MALADE BALLADE

C'était par une sombre nuit de novembre,
Prise de douleur, la femme se réveilla.
« Que fais-tu là dans le noir, mon chéri
À toucher mon petit pied si douloureux ? »
« Et si je touche ton petit pied si douloureux,
Je le fais bien non sans intention. »
« Dis-moi, mon homme, quelle intention tu as,
À me toucher, de nuit, mon petit pied si douloureux ? »
« Moi, femme, je suis malade, et voudrais guérir.
Et mon médecin a trouvé un remède. »
« Quel remède, mon homme ? Ô dis-moi, précisément,
Quel rôle joue mon petit pied douloureux ! »
« Seul ton petit pied peut chasser mon tourment,
C'est pour ça que je vais le casser et l'ingurgiter. »
« Et si mon petit pied t'aide à guérir,

Brichs ab, lieber Mann, und lass es dir munden.

Brichs ab, auch wenn's schmerzt, brich es ab, lieber Mann.

Ich hab ja ein zweits. Auf dem hüpfe ich dann. »

Casse-le, chéri, et mange-le de bon cœur.

Casse-le, même si ça fait mal, casse-le, chéri.

J'en ai bien un second. En appui sur lui, je sautillerai. »

GESCHICHTE EINER BEZIEHUNG

Wand an Wand – so wohnten sie :

Gold-Erwin und Pech-Marie.
Bis zum Tag, an dem die Wand
Durch ein Erdbeben verschwand.
Beide standen gleich in Flammen,
Seitdem leben sie zusammen.

Was sie haben,teilen sie :
Golch-Erwin und Ped-Marie.

HISTOIRE D'UNE RELATION

Une cloison les séparait – ils habitaient ainsi :

Erwin-tout-en-or et Marie-la-guigne.
Jusqu'au jour où un séisme
Fit disparaître cette cloison.
Prompt fut leur ardent désir l'un pour l'autre,
Depuis lors ils vivent ensemble.

Tout ce qu'ils ont, ils le partagent :
Erwin-tout-en-gui et Marie-la-Orgne.

UNHAPPY END

Sie ist mir ganz abhanden gekommen,

Die Lieb.

Du gingst und hast sie mit dir genommen.

Ich blieb

Alleine zurück, ernüchtert, erkaltet.

Ich schrieb :

« Achtung ! An alle, die's angeht : behaltet

Den Dieb. »

FIN MALHEUREUSE

Je l'ai complètement perdu de vue,

L'amour.

Tu t'en es allée, en l'emmenant avec toi.

Je suis resté

Seul, à la traîne, désenchanté, refroidi.

J'ai alors écrit :

« Gare ! À tous ceux que cela regarde : retenez

Le filou. »

ALTES LIED

Wie lockt mich Frauenlachen !
Es hat so was Natürliches,
So reizend Kreatürliches :
Dem muss man einfach nachgehen.
Wie nervt mich Männergrinsen !

Das hat so was Durchtriebenes,
Aufreizend Tiergebliebenes :
Man möchte gar nicht hinsehn.

VIEILLE CHANSON

Qu'il est attirant, le rire féminin !
De naturel, il a comme un brin,
D'un viscéral séduisant :
On s'y attache forcément.
Qu'il est énervant, le rictus des hommes !
Que du retors, Dieu sait comment,
Un reste bestial, irritant :
D'aller y voir nulle envie.

ZUVIEL VERLANGT

Mach dich klein
Mach dich gross
Lass mich ein
Lass mich los.
Mach dich jung
Mach dich alt
Gib mir Schwung
Gib mir Halt.
Mach mich an
Mach dich fort
Lass mich ran
Sei nicht dort.

TROP DEMANDÉ

Rapetisse-toi
Grandis-toi
Admets-moi
Lâche-moi.
Rajeunis-toi
Vieillis-toi
Donne-moi de l'élan
Sois un soutien.
Drague-moi
Sauve-toi
Laisse-moi approcher
Reste donc ici.

DAS WAR NICHT

Ach Liebling, weisst du noch ? wir in Volterra

– Das war nicht Volterra, das war Orvieto

Dieser herrliche Dom ! Mit den Fresken von Giotto

– Das war nicht Giotto, das war Signorelli

Und dann das Essen ! Zu rotem Orvieto

– Der war nicht rot, der war weiss, der Orvieto

Raspelt der Wirt den frischen Steinpilz

– Das war kein Steinpilz, das war eine Trüffel

Über die hausgemachten Penne

– Das war keine Penne, das waren Gnocchi

Dann wir im Hotel. Direkt an der Piazza

– Das war nicht La Piazza, das war Il Parco

Liebten wir uns zwischen seidenen Laken

– Die warn nicht aus Seide, die waren aus Leinen

Und du schworst verrzückt, ich sei schlichtweg vollkommen

– Ich war nicht verzückt ? ich war schlicht vollkommen weg.

NON, CE N'ÉTAIT PAS ÇA

Ah, chéri, t'en souviens-tu ? de nous deux à Volterra

– Ce n'était pas volterra, mais à Orvieto

Cette cathédrale splendide ! Avec les fresques de Giotto

– Ce n'était pas Giotto, mais Signorelli

Et ensuite le repas ! À la rouge Orvieto

– Qui n'était pas rouge, mais blanche, à Orvieto

L'aubergiste râpait un bolet tout frais

– Ce n'était pas un bolet, mais une truffe

Râpé sur des pennes faites maison

– Ce n'était pas des pennes, mais des gnocchis

Puis nous fûmes à l'hôtel. Donnant direct sur la Piazza

– Ce n'était pas La Piazza, mais Il Parco

Nous fîmes l'amour entre des draps de soie

– Ce n'était pas de la soie, mais de la toile de lin

Et tu juras aux anges que j'étais tout simplement parfait

– Je n'étais pas aux anges, mais simplement hors de moi.

TROSTGEDICHT

Du warst mir, Liebes
Ziemlich lieb.
Das sag ich jetzt,
Da ichs nie schrieb.

Nun, da du einen
Liebsten hast,
Wirst du von mir
Nicht angefasst.

Mich tröstet, dass
Er das besorgt.
Bist nicht verschenkt,
Bis nur verborgt.

Ob ich dich jemals
Wieder hol ?
Das hängt von dir ab.
Lebewohl !

POÈME – CONSOLATION

Je t'aimais, ma chère
Assez bien.
Je te le dis à présent,
Ne l'ayant jamais écrit.

Lors, tu as
Un bien-aimé,
Pas question
Que je te touche.

Me console qu'il
Y pourvoit.
Tu n'es pas perdue,
Seulement prêtée.

Te reprendrai-je
Un jour ?
Cela dépend de toi.
Adieu !

6.

ÜBER DAS LEBEN, DIE KRANKHEIT UND DEN TOD

SUR LA VIE, LA MALADIE ET LA MORT

ERMAHNUNG

Ruf nicht nach der Mutter, Junge.
Mutter ruft nach dir.
Sag ihr nicht, wie schlecht dir's geht.
Mutter geht es schlechter.
Klag nicht übers Alter, Junge.
Mutter ist viel älter.
Frag nicht, wie das enden soll.
Mutter weiss die Antwort.

EXHORTATION

N'appelle pas ta mère, jeunot.
Mère t'appelle.
Ne lui dis pas que tu vas mal.
Mère va bien plus mal.
Ne te plains pas de l'âge, jeunot.
Mère est bien plus âgée.
Ne demande pas comment ça va finir.
Mère connaît la réponse.

LOB DES LEBENS

Dichter und Propheten priesen's,
Und sie hatten ja so recht :
Wie ihr es auch nehmt, das Leben,
Immer, immer ist es gut.
So hinan denn ! Hoch und höher !
Folgt nur treulich eurem Herz,
Bis am ewigschönen Ziele
Euch erwarten Lust und Freud.

ÉLOGE DE LA VIE

Poètes et prophètes l'ont célébrée,
Et ils ont eu, ô combien raison :
De quelque façon que vous preniez la vie,
Elle est toujours bonne, toujours.
Allez montez donc ! Haut, plus haut encore !
Ne suivez fidèlement que votre cœur,
Pour parvenir à votre idéal de beauté et d'éternité
Où vous attendent plaisir et joie.

GOLDENE WORTE

Drei bis vier Leben gelebt,
Keines, das meins war,
Und alle simultan –
Heut ist mir eins klar :
Biographie meint nicht
« bleibe du selber ».
Ochswerden, Ochsesein
Ist was für Kälber.

Ist dir dein Leben lieb,
Leb aus dem Vollen.
Wer dich nur einmal will,
Hat nichts zu wollen.
Halte dich querfeldein.
Meide die Herden.
Pfeif auf ein eignes Ich,
Und du wirst gleichzeitig
Dachs bleiben,Windhund sein
Und Löwe werden.

UN PARLER D'OR

Vécu trois à quatre vies,
Pas une qui ne fut mienne,
Mais toutes en même temps –
Voilà qu'une chose m'est évidente :
Biographie ne veut pas dire
« reste toi-même ».
Devenir bœuf, être bœuf
C'est bon pour les veaux.

Si tu aimes la vie,
Vis-la pleinement.
Qui ne veut te voir que sous un seul jour,
Ne veut en fait ne rien voir du tout.
Tiens-toi sans but ni borne.
Évite tout ce qui est grégaire.
Bats-toi l'œil d'un moi propre,
Et dans le même temps, tu resteras
Blaireau, seras lévrier
Et deviendras lion.

DREIAKTER

Nach Motiven von F.Kafka

Das Leben ist ein Fenster
In dem du kurz erscheinst.

Mit deinem Auftritt öffnet sich
Das Fenster jenen Augenblick,
Der deiner Rolle zugedacht,
Dann wird es wieder zugemacht,
Wie du auch fluchst und greinst :

Dein Leben ist ein Fenster,
In dem du kurz erscheinst.

Auf deinen Auftritt wartet hier
Kein Inspizient, kein Regisseur,
Kein Stichwort, kein Szenarium,
Kein Text, auch ist das Publikum
Viel kleiner, als du meinst:

Dein Leben ist dies Fenster,
In dem du kurz erscheinst.

TROIS ACTES

D'après des thèmes de F.Kafka

La vie, c'est une fenêtre
Où tu apparais brièvement.

Dans le droit fil de ton entrée en scène
La fenêtre s'ouvre à cet instant-là,
Imparti à ton rôle,
Puis elle est de nouveau fermée,
Tu as beau pester et pleurnicher :

Ta vie, c'est une fenêtre,
Où tu apparais brièvement.

Ici on n'attend pas ton entrée en scène
Nul chef de plateau, nul metteur en scène,
Pas la moindre réplique, ni scénario
Ni texte, et même le public est
Bien moins présent que tu ne crois :

Ta vie, c'est cette fenêtre,
Où tu apparais brièvement.

Zu deinem Abtritt nur so viel :	Pour ta sortie, je n'ajouterai que ceci :
Wenn mal das Rampenlicht erlischt,	Quand les feux de la rampe s'éteignent,
Dann ist der Vorgang hausgemacht,	Alors l'action se fait maison,
Der Pförtner hat es ausgemacht,	Le portier a arrangé ça,
Nach Plan ; nicht nach Verdienst :	Selon un plan, et non selon le mérite :
Dein Leben war dies Fenster,	Ta vie, ce fut cette fenêtre,
In dem du kurz erschienst.	Où tu apparus brièvement.

LOB DER VERZWEIFLUNG

Wer von der Schönheit umstellt,
Ist von Verzweiflung bedroht.
Gestern noch ragte der Baum
Liegt heut vom Sturme gefällt.

Gestern noch lachte der Mund.

Wer von Verzweiflung gepackt,
Der kennt die Regeln des Spiels.
Wohl dem, der heute beweint,

Was er noch gestern belacht.
Morgen schon trocknet sein Aug.

So. Oder So.

ÉLOGE DU DÉSESPOIR

Quiconque est entouré de beauté,
Est menacé de désespoir.
Hier encore l'arbre qui se dressait
Gît aujourd'hui abattu par la tempête.

Hier encore des rires aux lèvres.

Quiconque est saisi de désespoir,
Connaît bien les règles du jeu.
Grand bien à celui qui pleure aujourd'hui,

Ce dont il riait encore hier.
Demain déjà il séchera ses larmes.

D'une façon ou d'une autre.

PROGNOSE	**PRONOSTIC**
Ich werde mal an etwas sterben.	Je mourrai un jour de quelque chose.
Soviel ist sicher,ungewiss	Ça au moins, c’est sûr, reste incertain
Ist lediglich, woran. Die Erben	Uniquement de quoi. Ça laisse froid
Kratzts nicht. Denn eines ist gewiss :	Les héritiers. Car une seule chose est certaine :
Mal werde ich an etwas sterben.	Un jour je mourrai de quelque chose.
Ich werd an etwas sterben, einmal.	Je mourrai de quelque chose, un jour.
Noch ist es nicht soweit. Gewiss	On n’en est pas encore là. Certaine
Ist jedoch eins : Da droht kein Reinfall.	Une chose l’est pourtant : nul fiasco ne menace.
Denn eins ist sicher : ungewiss	Car une chose est certaine : l’incertain
Ist nichts. Dies Einmal wird kein Keinmal.	N’existe pas. Puisque tout passe, alors un jour on trépasse.

LOB DER KRANKHEIT

Droht einer mit der Zeit
Normal zu versauern,
Hilft eine Krankheit ihm,
Nicht zu verbauern.

Krankheit macht hellhörig.
Lässt tiefer blicken.
Wer am Verschlanken ist,
Kann nicht verdicken.

Ist einer dünnhäutig,
Lernt er verstehen,
Wie klein der Schritt ist vom
Er – zum Vergehen.

ÉLOGE DE LA MALADIE

S'il est normal avec le temps
Qu'on risque de s'encroûter,
Une maladie peut aider
À ne pas s'étioler.

La maladie met sur le qui-vive.
Approfondit le regard.
Quiconque prend une forme efflanquée,
Ne peut pas se figer.

Avec une peau qui capte tout,
On apprend à comprendre,
Qu'on peut vite passer entre
Marcher à son pas ou vers son trépas.

HABENICHTS

Habe nichts gegen das Altern.
Wie sollte ich da etwas
Gegen den Tod haben ?
Hat ja auch sonst niemand etwas
Gegen das Altern.
Hat ja auch sonst niemand etwas
Gegen den Tod.
Alterten sie sonst alle ?
Stürben sie sonst alle ?
Da werde ich doch wohl keine
Ausnahme machen :
Habe gar nichts gegen das Altern.
Habe schon gar nichts gegen den Tod.

N'AI RIEN

N'ai rien contre la vieillesse.
Comment devrais-je avoir
Une dent contre la mort ?
Et même personne n'a d'habitude
Une dent contre la vieillesse.
Et même personne aussi n'a d'habitude
Une dent contre la mort.
Tout le monde sinon vieillirait-il ?
Tout le monde sinon mourrait-il ?
Là, je ne ferai sans doute
Pas exception :
N'ai absolument rien contre la vieillesse.
N'ai bien sûr absolument rien contre la mort.

VOR UND NACH	AVANT ET APRÈS
Vor dem Tod sind wir die Dummen.	Face à la mort nous sommes de gros bêtas.
Wie wir auch den Tod bereden,	Quelque éloquence qu'on ait envers la mort,
Schweigt er und bringt schweigend jeden	Elle se tait et amène dans desserrer les dents
Redner eisern zum Verstummen.	Tout orateur au mutisme.
Vor dem Tod versagt das Denken.	Face à la mort la pensée défaille.
Ist der Denker in der Lage	Le penseur est-il en mesure
Nichts zu denken ? Diese Frage	De ne rien penser ? Cette question
Sollte sich ein Denker schenken.	Un penseur devrait s'en dispenser.
Viele, die das nicht ertrugen.	Bien des gens n'ont pas supporté ça.
Keiner, der die Frage löste,	Personne n'a résolu la question,
Nicht einmal der allergrösste :	Même pas le plus grand des penseurs :
Sind wir nach dem Tod die Klugen ?	Sommes-nous après la mort plus avancés ?

DIE NACHT, DAS GLÜCK, DER TOD	LA NUIT, LA CHANCE, LA MORT
Verlassen stieg	Abandonnée, est montée
Verlassen stieg die Nacht an Land,	Abandonnée, est montée la nuit au pays,
der Tag war ihr davongerannt.	le jour s'étant enfui sans elle.
Durchs Dunkel tönte ihe Geschrei,	À travers l'obscurité a retenti ses cris,
wo denn der liebe Tag wohl sei ?	où donc ce cher jour peut-il bien être ?
Indessen sass der Tag bei mir,	Entre-temps le jour se trouvait près de moi,
Bei weissem Brot und hellem Bier	À coups de pain blanc et de bière blonde
Hat er die Suchende verlacht :	Il s'est ri alors de celle qui cherchait :
Die säh doch nichts, es sei ja Nacht.	Elle n'y voit goutte, c'est bien la nuit, ça.
Und endlich trat	Et enfin fit son entrée
Und endlich trat das Glück herein,	Et enfin fit son entrée la chance,
Sehr still, auf sieben Zehen.	Très silencieuse, allant sur sept doigts de pied.
Im frühen Morgensonnenschein	Dès les premiers rayons du soleil, au petit matin
Konnt ich es humpeln sehen.	J'ai pu la voir aller clopin-clopant.

« Was ist mit deinen Zehen, sprich ! »

« Darüber spräch ich lieber nicht.

Drei hat mir eine Tram gekappt – »

« Kann man nichts machen. Pech gehabt. »

Denkt euch

Denkt euch,ich habe den Tod gesehn,

Es ging ihm gar nicht gut.

Seine Hände wirkten so seltsam bleich,

So gar nicht wie Fleisch und Blut.

Und auf dem dürren Hals sass gar

Ein Kopf, der ganz aus Knochen war.

Aus Knochen, ganz aus Knochen, denkt !

Da hab ich ihm fünf Mark geschenkt.

« Qu'as-tu à tes doigts de pied, parle ! »

« Je préférerais ne pas en parler.

Un tram m'en a coupé trois – »

« On ne peut rien faire. C'est la poisse. »

Imaginez donc

Imaginez donc, j'ai vu la mort,

Elle n'allait pas bien du tout.

Ses mains avaient quelque chose d'étrangement blême,

Rien à voir avec la chair et le sang.

Et sur son cou décharné était même fiché

Une tête qui n'était faite que d'os.

D'os, que d'os, imaginez !

Alors je lui ai offert cinq marks.

GESPRÄCH ÜBER DEN TOD

« So könnt es in den Tod gehn :

Längst liegt der Weg im Schatten,

Da fällt aus einer Schneise

Zur Rechten helles Licht.

Die vor dir gehn, erglühen.

Sie öffnen ihre Arme.

Das Licht fasst ihre Körper

Durchdringend und goldrot.

Nach kurzem Stehenbleiben

Zieht es sie in die Schneise.

Sie fliegen in das Leuchten,

Als hemmte Schwerkraft nicht.

Da legst du einen Schritt zu.

Nichts kann dich mehr beschweren

So kurz vor der Erleuchtung – »

« So gehts nicht in den Tod. »

CONVERSATION SUR LA MORT

« Ça pourrait mener à la mort :

Ce chemin qui se tient depuis si longtemps dans l'ombre,

Mais c'est alors que tombe d'une trouée

À droite une claire lumière.

Ceux qui cheminent devant toi s'empourprent.

Ils ouvrent leurs bras.

La lumière saisit leur corps

Pénétrante et d'un rouge d'or.

Après un bref arrêt

Ils sont attirés par la trouée.

Ils filent vers cette lumière vive,

Comme si la pesanteur ne les entravait pas.

Là tu presses le pas.

Rien ne peut plus peser sur toi

Si près de l'illumination – »

« Ainsi ça ne mène pas à la mort. »

LAGEBEURTEILUNG

Wollte immer schnell
Abtreten.
Bin wohl bestimmt zum
Weilen :
Wie soll denn den,
Der so langsam
Vergeht,
Jemals das Ende
Ereilen ?

ÉVALUATION DE LA SITUATION

Je voulais m'effacer
Toujours vite.
Suis sans doute à tous les coups
Là pour un certain temps :
Comment à un moment quelconque
La fin
Doit *surprendre*
Celui qui *s'éteint*
Si lentement ?

KURZNACHRICHT

Herr Aufgeschnitten
Lässt wieder bitten :
« Frau Unversehrt
Wird sehr begehrt ! »

NOUVELLE BRÈVE

Monsieur Incisé
De fait de nouveau prier :
« Madame Comuncharm
Est très désirée ! »

FRÜHSTÜCK IM KLINIKUM DER JOHANN WOLFGANG GOETHE UNIVERSITÄT FRANKFURT AM MAIN

Von Wand und Frau,
Von Tass' und Mann,
Von allen blickt dich
Goethe an.

Blickt starr auf all
Die kranken Leute :
« Grüss Gott ! Wie fühlen wir
Uns heute ? »

Blickt von der Tass'
Auf mich und sinnt :
« Wie geht es dir,mein
Liebes Kind ? »

« bin weder Kind
Noch lieb. Sollst wissen :
Mir geht's heut morgen
Echt besch… »

PETIT DÉJEUNER DANS LA CLINIQUE DE L'UNIVERSITÉ JOHANN WOLFGANG GOETHE À FRANCFORT SUR LE MAIN[5]

Depuis le mur et la femme,
La tasse et l'homme,
De partout Goethe
Te couve de l'œil.

Regarde fixement
Tous les malades :
« Bonjour ! Comment
On se sent aujourd'hui ? »

Depuis la tasse, porte
Son regard sur moi, l'air pensif :
« Comment vas-tu,
Mon cher enfant ? »

« Je ne suis ni un enfant
Ni cher. Tu devrais le savoir :
Ce matin, je suis bel et bien
Dans la chie… »

DIAGNOSE KREBS
oder
ALLES WIRD GUT

Erst kam der berühmte
Schuss vor den Bug.
Zuvor war ich dumm,
Hernach war ich klug.

Dann folgte der klassische
Schlag ins Kontor.
Darauf war ich klüger
Als jemals zuvor.

Undenkbar,dass solch einem
Blitzklugen Mann
Noch irgendein Tod
Etwas anhaben kann.

DIAGNOSTIC CANCER [6]
ou
TOUT S'ARRANGERA

Arriva d'abord le fameux
Coup de semonce.
Avant j'étais plutôt ignorant,
Après je me sentis bien avisé.

Puis – c'est classique – suivit
Un sale coup pour moi.
J'y étais plus préparé
Que jamais auparavant.

Impensable que sur un tel homme
D'une sagacité fulgurante
N'importe quelle mort
Puisse avoir prise.

21. APRIL.
NACH DER LEKTÜRE

Hab mich grad mit Krebs befasst,

Nicht in Hast, doch ohne Ruh.

Weiss nun mehr, doch nicht genug,

Noch nicht klug und nicht mehr dumm.

Soll entscheiden : wo geht's lang ?

Mir wird bang, doch ich tu cool :

Dass dir keiner raten kann,

Macht nichts, Mann. Da musst du durch.

21 AVRIL.
APRÈS LA LECTURE

Je viens de faire face à ce qu'on nomme le cancer,

Sans hâte, mais sans répit.

J'en sais plus, mais pas assez,

Pas encore bien au fait, plus aussi ignorant.

Je dois décider : où vais-je donc mettre les pieds ?

Je vais avoir peur, mais je feins d'être calme :

Et que personne ne puisse te conseiller,

Ça ne fait rien, mon vieux. Tu dois en passer par là.

7.

DIVERSE GEDICHTE

POÈMES DIVERS

ICH UND ER, DREISILBIG

Ich war noch jung. Ich wienerte
fürs Geld, das ich erdienerte.
Er dienerte im gleichen Haus,
doch hängte er den Hausherrn raus.
Ich hörte « Bring mir Fliedertee ! »
worauf ich « gleich ! » erwiderte.
Er widerte mich an, indem
er mahnte, das ich frischen nähm.
Ich brühte auf, er geiferte,
Ohn' dass ich mich ereiferte.

Er eiferte mir eilig nach,
was seinem Wunsch nach Tee entsprach.
Ich lachte auf, er wetterte,
als ich den Schrank erkletterte.
Er kletterte mir hinterher,
da goss ich rasch die Kanne leer.
Ich höhnte: « der verpisste Tee
War's, der dich überlistete ! »

MOI ET LUI, TROIS SYLLABES

J'étais encore jeune. Je passais l'encaustique
pour de l'argent que je gagnais en domestique.
Lui, domestique dans la même maison,
faisait son numéro de maître, c'était selon.
J'entendais « Apporte-moi le thé au lilas ! »
sur quoi je répliquais « Tout de suite, voilà ! »
Il me dégoûtait, en me sommant
de le prendre tout frais, vraiment.
Je faisais infuser, il bavait de rage,
sans que je m'emporte ni me mette en nage.

Il cherchait fébrilement à m'égaler,
ce qui donnait suite à son désir de thé.
J'éclatai de rire, lui, il fulmina,
lorsque sur l'armoire je grimpai.
Il grimpa alors derrière moi,
et là, je vidai prestement la théière.
Sarcastique, je dis : « c'était de la pisse de chat,
ce thé qui t'a trompé sur toute la ligne, bah ! »

Er listete die Schäden auf	Il dressa la liste des dégâts
und schrie « ich nehm nur Geld in Kauf ! »	et s'écria « je n'encaisse que l'argent ! »
Ich schrie zurück, er schuldete	Je répondis par des cris, je lui devais du fric,
mir Moos für das Erduldete.	me dit-il, pour tout ce qu'il avait enduré.
Er duldete kein Widerwort :	Il ne supporta aucune réplique :
da machte ich mich pfeifend fort.	alors en sifflant, je débarrassai le plancher.

DAS DUNKEL

Menschen kleiden sich gern bunt,
Das hat einen dunklen Grund.
Menschen zeigen sich gern nackt –
Dunkelheit in Haut verpackt.
Ob im Mann, ob im Weib,
Dunkel herrscht in jedem Leib.
Auch trifft zu, dass Greis und Kind
Innen völlig dunkel sind.
Hinter jedem rotem Mund
Öffnet sich ein dunkler Schlund.
Meerreettich und Brot und Wein
Lässt der Schlund ins Dunkel ein,
Rein in Magen, Blase, Darm,
Alle dunkel, aber warm.
Wein und Brot und Meerrettich
Wandern durch ein dunkles Ich
Auf dem Weg vom Ich zum Du
Freilich geht's noch dunkler zu.
Dunkel lockt der Zeugungstrieb :
Lass mich ein. Hab mich lieb.

L'OBSCUR

Les gens aiment s'habiller, tout bariolés,
Une raison obscure qui reste à démêler.
Les gens aiment se montrer en tenue d'Adam –
Dans la peau l'obscurité s'y loge vraiment.
Corps de la femme ou de l'homme,
L'obscur y règne, c'est tout comme.
Il arrive aussi que vieillard et enfant
Soient d'un obscur total intérieurement.
Derrière chaque bouche rouge
S'ouvre une obscure gorge.
Raifort et pain et vin
Dans l'obscur la gorge les laisse entrer,
Entrée dans l'estomac, l'intestin, la vessie,
Tout est obscur, et chaud, mais si.
Vin et pain et raifort
Circulent à travers un Moi obscur
Le chemin qui mène de Moi à Toi
Sûr qu'il se fait plus obscur encore.
La pulsion de procréation attire l'obscur :
Laisse-moi te pénétrer. Je me chéris.

Dunkel bleibt auch, ob es frommt,	L'obscur est toujours là, bien que ça ne nuise
Dass da das zusammenkommt :	Qu'une conjonction des plaisirs se produise :
Same sah nie Tageslicht,	Le sperme n'a jamais vu la lumière du jour,
Ei warf niemals Schatten nicht.	L'ovule n'a jamais projeté d'ombre.
Klar ist nur, dass es das Glied	C'est le membre viril, ça, c'est bien sûr
Gradewegs ins Dunkel zieht,	Attiré tout droit vers l'obscur,
Und dass es ein Spalt empfängt,	Et accueilli par une fente,
Den es dunkel zu ihm drängt.	Qu'il force, obscurément au plus serré.
Dunkel ist,was sich dann tut,	C'est de l'obscur ce qui alors se passe,
Dunkel herrscht, wenn alles ruht,	L'obscur règne quand tout repose,
Doch im Schoss der dunklen Nacht	Mais dans le giron de l'obscure nuit
Regt sich dunkel der Verdacht,	S'éveille obscurément le soupçon
Alles Licht sei eitel Schein	Que toute lumière est une vaine lueur
Auch dem Weg ins Dunkelsein.	En chemin vers l'obscur, seul ce qui demeure.

ALTER WEIN	VIEUX VIN
Warm preist ihr mir den alten Wein.	Avec quelle chaleur vous me vantez le vieux vin.
Wie meinen ? frag ich kalt.	Que penser ? Demandé-je froidement.
Was soll das sein : ein alter Wein ?	C'est quoi, au juste ? un vieux vin ?
Bei mir wird Wein nicht alt.	Chez moi, un vin ne vieillit pas.
Bei mir ward manches alt und kalt :	Chez moi, sont devenus vieux et froids :
Kopf, Rücken, Herz und Bein.	Tête, dos, cœur et jambes.
Es schwanden Schönheit und Gestalt.	Se sont effacées beauté et forme.
Beim Wein muss das nicht sein.	Et le vin n'y aurait pas droit.
Was immer auf der Flasche steht,	Quoi qu'on trouve sur la bouteille,
Ob alt, ob jung der Wein :	Que le vin soit vieux ou jeune :
Mit etwas gutem Willen geht	Tout passe avec un peu de bonne volonté
Beim Reinen alles rein.	Quel que soit le degré de pureté.

LÄUFT ALLES WIE GESCHMIERT

Neun gut geölte Strophen

Am Strand tönt oft der Schreckensschrei :
« Hast du dein Sonnenöl dabei ? »

Doch niemand rätselt aufgeschreckt :
« Hast du dein Erdöl eingesteckt ? »

Ein Umstand, der uns Menschen lehrt :
Öl ist nicht Öl. Und Umgekehrt.

Die Erde birgt viel Tonnen Öl.
Die Sonne nicht so Sonnenöl.

Das Erdöl spendet Energie.
Das Sonnenöl reibt Er auf Sie.

Beziehungsweise Sie auf Ihn.
Das kostet beide Energien.

Viel Öle gibts auf dieser Welt.

TOUT VA-T-IL COMME SUR DES ROULETTES

Neuf strophes bien huilées

Sur la plage retentit souvent un cri d'effroi :
« Ton huile solaire, l'as-tu sur toi ? »

Mais personne ne devine tout effrayé :
« Ton huile minérale, l'as-tu bien empochée ? »

Un détail pour nous les humains, qui nous apprend
Que l'huile minérale n'est pas solaire, et inversement.

La terre recèle bien des tonnes d'huile.
Le soleil, lui, est dépourvu d'huile.

L'huile minérale dispense de l'énergie.
L'huile solaire sur Elle, qui frotte, c'est Lui.

Ou si l'on veut aussi, c'est Elle sur Lui.
Ce qui coûte une double énergie.

Sur cette terre, il y a beaucoup d'huile.

Sie kosten nicht nur Kraft.Auch Geld.	Qui coûte non seulement de la force. Mais aussi de l'argent.
Vom Erdöl lebt der braune Scheich.	L'huile minérale, le cheik bronzé en vit.
Das Sonnenöl macht Weisse reich.	L'huile solaire rend riches des blancs.
Ob Erd – ob Sonnenöl – sie schlauchen.	Huile minérale – ou solaire – elles font trimer.
Ein Glück, dass wir kein Mondöl brauchen.	Une chance de ne pas avoir besoin d'huile lunaire.

ALS ER SICH AUF EINEM STILLEN ÖRTCHEN BEFAND

Mein Blick fällt aufs
Toilettenpapier.
darauf steht « Danke ».
Danke wofür ?

Danke dafür,
dass ich es verwende
und keine edlen
Ressourcen verschwende.

Danke dafür,
dass ich es benütze
und so die Recycling
Idee unterstüzte.

Danke im Namen
von Wald und Baum :
du sicherst unseren
Lebensraum.

Danke im Namen
von Fink und Star :
du nimmst auch unsre
Interessen wahr.

Danke im Namen
der ganzen Natur :
so handeln
Auserwählte nur.

LORSQU'IL SE TROUVA BIEN TRANQUILLE AU PETIT COIN

Mon regard tombe
sur le papier toilette.
Y est écrit « Merci ».
Merci pour quoi ?

Merci pour
l'avoir utilisé
sans avoir gaspillé de
précieuses ressources.

Merci pour
en avoir fait usage
et ainsi soutenir
le recyclage.

Merci au nom
de la forêt et de l'arbre :
tu assures
notre espace vital.

Merci au nom
du pinson et du sansonnet :
tu réalises aussi
ce qui nous importe.

Merci au nom
de toute la nature :
ainsi n'agissent
que les élus.

Danke im Namen
des blauen Planeten :
heilig, heilig.
Lasset uns beten !

Dank für dein Dasein
in unserer Mitte !
Gross greif ich zur Rolle
und sag segnend : Bitte.

Merci au nom
de la planète bleue :
sacrée, sacrée.
Prions donc !

Merci pour ton existence
qui nous touche au plus près !
Magnanime, je prends le rouleau et
dis, le bénissant : quelle faveur tu me fais !

GOTTESURTEIL

Euch Frauen all, die ich begehrt,
euch hat der Zahn der Zeit versehrt.

Euch Frauen all, die ich gebraucht,
euch hat des Lebens Fuss verstaucht.

Euch Frauen all, die ich umschwärmt,
euch hat des Schicksals Faust verhärmt.

Euch Frauen all, die ich versucht,
euch hat der Gottheit Mund verflucht :

Ihr Frauen all habt IHN verschmäht !
Tut Busse, ehe es zu spät !

JUGEMENT DE DIEU

Vous toutes, femmes, que j'ai désirées,
Les outrages du temps vous ont altérées.

Vous toutes, femmes, dont j'ai usé,
la vie vous a fait bien des entorses.

Vous toutes, femmes, que j'ai courtisées,
la poigne du destin vous a ravagées.

Vous toutes, femmes, que j'ai tentées,
le verbe divin vous a maudites :

Ô femmes, vous toutes, qui L'avez dédaigné !
Faites pénitence avant qu'il ne soit trop tard !

AUF RÜGEN

Abends

Das Meer bricht sich matt am Strand.
Vom Land bläst ein kräftiger Wind her
Tiefblaue Schauer eilen über das Meer
und verlieren sich auf dem Weg zum Horizont

Die Dämmerung lässt sich viel Zeit.
Immer dunkler wird das erschauernde Meer.
Zag blinkt ein Licht von weit her.

Wer noch am Strand ist, beschleunigt seinen Schritt.

Bald wird das Meer tiefschwarz sein.
Schon ist der Strand fast menschenleer.
Ohne Licht macht das Meer nicht viel her.
Macht nur noch « losch », wenn es sich matt am Strand bricht.

SUR L'ÎLE DE RÜGEN

Le soir

Sur la plage, sans force, se brise la mer.
Un vent vigoureux souffle, venant de la mer
courent sur la mer des frissons d'un bleu
profond qui se perdent en chemin vers l'horizon.

Le crépuscule prend bien son temps.
Toujours plus sombre, la mer frissonnante.
Tremblante une lumière clignote au loin.

Quiconque est encore sur la plage presse le pas.

La mer sera bientôt d'un noir intense.
La plage est déjà presque déserte.
Sans lumière la mer fait peu d'effet.
Ne fait que « chlouch » en se brisant sans force sur la plage.

Morgens

Rechts fabelhaftes Glänzend.
Es ist nicht anzusehen !
Dann lieber links das Blau im Blick
Vor dem schwarz Menschen gehen.

Sie werfen lange Schatten,
Teils einzeln, teils zu zwein.
Ihr Weg führt sie durch Nass und Sand,
Was Möwen laut beschreien.

Im Flug vier wilde Schwäne !
Es ist kaum auszuhalten :
Für einen Augenblick scheint ganz,
Was heillos sonst gespalten.

Le matin

À droite une brillance fabuleuse.
Une vision à peine soutenable !
Puis plutôt à gauche du bleu en vue
Face à des taches noires, des humains qui marchent.

Ils projettent de longues ombres,
Soit seul, soit à deux.
Leur chemin les mène par le sable et l'onde,
Ce qui fait pousser de hauts cris à des mouettes.

En vol quatre cygnes sauvages !
C'est à peine croyable :
En un instant, semble faire un tout,
Ce qui d'ordinaire est déplorablement dissocié.

ZURÜCK ZUR UNNATUR

Zürück aus dem Wald
Wo Blätter verkümmern
Kronen sich lichten
Äste verdorren
Rinden aufplatzen
Stämme hinstürzen –
Beute des Sturms
Opfer des Fortschritts
Geiseln des Wandels
Treibgut der Zeit.
Zurück in der Stadt
Wo strahlende Wände
Den Himmel verstellen
Und ihn verdoppeln –
Türme aus Glas
Spiegel des Wechsels
Stelen aus Licht
Monumente der Dauer :
Wer möchte leben
Ohne den Trost der Hochhäuser !

REVENU À CE QUI EST NON-NATUREL

Revenu de la forêt
Où les feuilles dépérissent
Les cimes s'éclaircissent
Les branches se dessèchent
Les écorces éclatent
Les troncs s'écroulent –
Proie de la tempête
Victimes du progrès
Otage du dérèglement
Épaves du temps.
Revenu dans la ville
Où des façades rayonnent
Barrent le ciel
Et le dédoublent –
Des tours en verre
Miroir du changement
Stèles de lumière
Monuments de la durée :
Qui aimerait vivre
Sans le confort des buildings !

IM NEBEL

Unsichbar sind Steg und Weiher,
Rohr und Wiesengrund desgleichen,
Eichen ragen kahl und dunkel
Aus dem hellen Nebelschleier.

Ungerührt vom Stirb und Werde
Stehen Tiere um den Weiher,
Reiher bis zum Hals im Nebel,
Bis zum Bauch im Nebel Pferde.

DANS LA BRUME

Invisibles, passerelles et étangs.
De mêmes joncs et vallon herbeux,
Des chênes surgissent dénudés et sombres
Du voile de brume clair.

Impassibles face au « Meurs et deviens »
Se tiennent les bêtes autour de l'étang,
Des hérons jusqu'au cou dans la brume,
Et jusqu'au ventre des chevaux.

STURMSKIZZE	**ESQUISSE DE TEMPÊTE**
Bewegter Abend… Fledermaus	Soirée agitée… La chauve-souris
Reisst wild ihr Zickzack in das Grau.	Zigzague, enragée, dans la grisaille.
Die Feige beugt sich. Weinblatt zerrt.	La figue s'incline. La feuille de vigne se contorse.
Des Oleanders Schauer-Schau	Que de frissons offre le laurier-rose
Wirkt kindlich vor dem Scherenschnitt	D'allure enfantine face aux ombres chinoises
Kopfschüttelnder Zypressen.	Des cyprès hochant la tête.
Belebter Abend… Trockenblatt	Soirée animée… Les feuilles asséchées
Tickt seine Tonspur in die Nacht.	Ruminent leurs ondes sonores dans la nuit.
Wein raschelt, Feige ratscht, es rauscht	La feuille de vigne bruit, la figue débagoule,
Der Oleander… Doch mit Macht	Le laurier-rose froufroute… Mais avec autorité
Tönt über allem der Protest	Au-dessus de tout cela, retentit la protestation
Aufbrausender Zypressen.	Des cyprès qui s'emportent.

ALS AM 4 APRIL DER WINTER ZURÜCKKEHRTE

Nun alles wieder weiss
Nun alles wieder tot
Des Wetters grimme Wut
Der Tier liebe Not
Des Menschen Unverstand :
Will es denn hier auf Erden
In diesem Unheiljahr
Gar niemals Frühling werden ?

Der schneebedeckte Tann
Das frischgeweisste Dach
Der Winde Kraft so stark
Der Vögel Flug so schwach
Des Menschen blinder Zorn :
« Gott, das kannst du nicht machen ! »
« Du siehst doch, dass ich's kann ! »
Gott's unhörbares Lachen.

LORSQUE LE 4 AVRIL L'HIVER REVINT

À présent tout est de nouveau blanc
Tout est de nouveau mort
La fureur noire du temps
Les bêtes qui ont bien du mal
La déraison des humains :
Veut-on ici-bas
Dans cette année de malheur
Que n'advienne jamais le printemps ?

Le sapin couvert de neige
Le toit fraîchement blanchi
La force du vent si puissante
Le vol des oiseaux si faible
La colère aveugle des humains :
« Dieu, tu ne peux pas nous faire ça ! »
« Vous voyez bien que je le peux ! »
Rire inaudible de Dieu.

WAS DER TAG BRINGT

Diese Kreischen um fünf,

Dieses furchtbare Kreischen !

– Das sind die Amseln.

Die bringen dir doch nur ein Ständchen.

Dieses Tuckern um Sechs,

Dieses grässliche Tuckern !

– Das ist das Moped des Zeitungsboten.

Der bringt dir doch nur deine Zeitung.

Dieses Poltern um sieben,

Dieses wahnwitzige Poltern !

– Das ist der Wagen der Stadtreinigung.

Der bringt doch nur deinen Müll weg.

Dieses Brummen um acht,

Dieses schreckliche Brummen !

– das sind die Flugzeuge.

Die bringen dir doch nur deine Kaptrauben.

Und das Stöhnen fortwährend.

Dieses nichtabreissende Stöhnen !

– Das warst du.

Sowas bringst doch nur du, du Weichei.

CE QU'APPORTE LE JOUR

Ces stridences à cinq heures,

Ces terribles stridences !

– Ce sont les merles.

Qui ne t'apportent pourtant qu'une aubade.

Ces trépidations à six heures,

Ces horribles trépidations !

– C'est la mobylette du livreur de journaux.

Qui ne t'apporte pourtant que ton journal.

Ce tapage à sept heures,

Ce tapage démentiel !

– C'est le véhicule de la voirie.

Qui ne t'emporte pourtant que ta poubelle.

Ces vrombissements à huit heures,

Ces épouvantables vrombissements !

– Ce sont les avions.

Qui ne t'apportent pourtant que des grappes du Cap.

Et ces gémissements continuels.

Ces gémissements à n'en plus finir !

– C'était toi.

Toi, tu n'apportes jamais que ce genre de choses, couille molle.

ZURÜCK AUS DEM ODENWALD

Dieses viele Grün ; dieses hohe Blau

Und in der Ferne Worms

– Warum sagen Sie das ?

Da war so viel Grün,und das Blau war so hoch

– Wem sagen Sie das ?

Dem, dem das Grün etwas sagt und das Blau und in der Ferne Worms

– Das sagen Sie mir ?

Jawohl, falls Ihnen Grün etwas sagt und in der Ferne Worms

– Nun haben Sie aber das Blau vergessen !

Ach – sagen Grün und Blau Ihnen was und in der Ferne Worms ?

– Nicht dass ich wüsste. Können die denn reden ?

REVENU DE L'ODENWALD

Cette verdure abondante, cet azur plein les yeux

Et Worms au loin

– Pourquoi dites-vous ça ?

Il y avait là tant de verdure et tant d'azur pour les yeux

– À qui dites-vous ça ?

À celui à qui la verdure dit quelque chose et l'azur et Worms au loin

– C'est à moi que vous dites ça ?

Bien sûr, au cas où la verdure vous dirait quelque chose et Worms au loin

– Mais voilà que vous avez oublié l'azur !

Ah – est-ce que la verdure et l'azur vous disent quelque chose et Worms au loin

– Non pas que je sache. Mais ça peut vous époumoner, non ?

DIE GEBURT

Als aber in der finsteren Nacht
Die junge Frau das Kind zur Welt gebracht,
Da haben das nur zwei Tiere gesehn
Die taten grad um die Krippen stehn.
Es waren ein Ochs und ein Eselein.
Die dauerte das Kindlein so klein,
Das da lag ganz ohne Schutz und Haar
Zwischen den frierenden Elternpaar.

Da sprach der Ochs : « Ich geb dir mein Horn.
So bist du wenigstens sicher vorn. »
Da sprach der Esel : « Nimm meinen Schwanz,
Auf dass du dich hinten wehren kannst. »
Da dankte die junge Frau, und das Kind
Empfing Hörner vorn und ein Schwanzlein hint.
Und ein Hund hat es in den Schlaf gebellt.
So kam der Teufel auf die Welt.

LA NAISSANCE

Mais quand par une nuit noire
La jeune femme accoucha,
Seuls deux animaux virent cela,
Se tenant autour de la crèche.
Il y avait là un bœuf et un âne.
Le petit enfant, si chétif, leur fit pitié,
Couché là sans défense et tout nu
Entre ses parents frigorifiés.

Alors le bœuf dit : « je te donne mes cornes.
Tu seras au moins armé par le devant. »
Et l'âne d'ajouter : « prends ma queue,
Tu pourras te défendre par-derrière. »
Et la jeune femme remercia, l'enfant
Reçut cornes et queue, devant et derrière.
Et un chien, rêvant cela, aboya dans son sommeil.
C'est ainsi que le diable vint au monde.

DIE SCHWACHHEIT DER WACHHEIT

Ausgesetzt im Meer der Wachheit
Winke ich den Schlafgaleeren,
Doch die ziehen vorbei und scheren
Sich nicht darum, dass da « Ach » schreit
Irgendwer im Meer der Wachheit.

Festgetäut ans Floss der Helle
Harre ich der Dunkelinseln,
Doch kein Fluchen und kein Winseln
Bringt mich Wachen von der Stelle,
festgetäut ans Floss der Helle.
Angespült am Fels der Frühe
Träume ich vom Strand der Ruhe,
Jäh gestört durch schwere Schuhe –
Vater Fleiss und Mutter Mühe
Nähern sich dem fels der Frühe :
Steig auf, Sonne, strahle, glühe !

LÀ OÙ L'ÉTAT DE VEILLE DÉFAILLE

Exposé et mis à la mer de l'état de veille
Je fais signe aux galères du sommeil,
Mais elles passent à côté et n'ont cure
Des hauts cris « Aaah » que pousse
Un quidam dans la mer de l'état de veille.

Fermement amarré au radeau de clarté
J'attends les îles obscures,
Mais aucun juron ni gémissement
Ne m'enlèvent l'état de veille,
Fermement amarré au radeau de clarté.
Rejeté au bas du rocher du petit matin
Je rêve d'une plage de repos,
Brusquement perturbé par de grosses chaussures –
Père Zélé et mère Forçant
S'approchent du rocher du petit matin :
Monte, soleil, rayonne, sois ardent !

Notes

(1) Ce poème reprend les deux premiers vers de la *Lorelei* de Heine, légèrement modifiés.

(2) À rapprocher de ce que dit Enzensberger : « Dans l'art aussi, il règne depuis fort longtemps un culte des détritus. » (extrait de *Feuilletage*, Éditions Gallimard.)

(3) Ce sonnet a été publié en 1979 dans le *Zeit-Magazin*. Plusieurs critiques se sont emportés violemment contre ce poème. Des plaintes de lecteurs s'en sont suivies... Un critique disait même : « Goethe est mort ! Schiller est mort ! Klopstock est mort ! Robert Gernhardt vit ! Pour quoi faire ? » Et, curieusement, des années plus tard, c'est ce poème qu'on va trouver le plus fréquemment dans des anthologies telles qu'en 1991, *Le grand livre des poèmes de 1500 jusqu'à nos jours* (Éditions Artémis), en 1992, *Poésie allemande de notre siècle* (Éditions Bertelsmann), et la même année *100 ans de lyrisme* (Éditions Haffmann)

(4) Ce sonnet se réfère à l'invasion de l'Irak en 2003 par les États-Unis. Un intense bombardement baptisé *Shock and Arve* avait précédé l'avancée des troupes.

(5) En 1996, à la clinique universitaire de Francfort, le poète doit subir une opération de l'intestin et du foie.

(6) À partir de 2002-2003, il suit des séances de chimiothérapie ; un cancer lui a été anoncé.

Table des matières

Poètes des Cinq Continents

En hommage à Geneviève Clancy qui l'a dirigée de 1995 à 2005.
La collection est actuellement dirigée par
Philippe Tancelin

Série Espace expérimental

124 – José VALA, *Embrunts d'exils*, 2015.
123 – José MUCHNIK, *Critique poétique de la raison mathématique*, 2015.
122 – Svante SVAHNSTRÖM, *Navigateur au sommet du vide*, 2015.
121 – Rita PETRO, *L'Origine*, 2015.
120 – ANTEMANHA, *Espace Raum*, 2015.
119 – Anca ELIES, *L'équinoxe des couleurs*, 2015.
118 – VÂN HÁI, *Poèmes satiriques de Vân. Những Vần Thơ Móc Của Vân*, 2015.
117 – Fabrice MURTIN, *Décantation*, 2014.
116 – BARIOUMAR, *Tessons de soleils*, 2014.
115 – Orang GHOLIKANI, *La saison des lignes infinies*, 2014.
114 – Rui CÓIAS, *L'ordre du monde*, 2014.
113 – Rosina NEGINSKY, *Dans le Jardin du Luxembourg*, 2014
112 – Sylvie MAMY, *Paris Carnet d'été*, 2014
111 – Kit KELEN, *Arbres et étoiles*, 2014.
110 – Albert V. NIKOLLA, *Love explosion*, 2014.
109 – Arthur BRIAND, *Une date, Un repère*, 2014.
108 – Cédric ARIA, *Entre le mortel et le périssable*, 2013.
107 – Niju Kyaku NETSUKE, *Poèmes à l'assiette. Haïkus français*, 2013.
106 – Daniel LABONNE, *Marronages*, 2013.
105 – Yves Patrick AUGUSTIN, *Au bout du petit matin...*, 2013.
104 – Jean-François MENARD, *Des voix dans les arbres*, 2012.
103 – Raymond MAGNANT, *Vivre, peut-être...*, 2012.
102 – Claire GARNIER-TARDIEU, *Poéphéméride*, 2012.
101 – Abdelghani FENNANE, *Je ne mourrai pas avant le printemps*, 2012.

100 – Pierre ZIRKULI, *L'instant lumineux*, 2012.
99 – Mattia SCARPULLA, *journal des traces*, 2011.
98 – Claude-Raphaël SAMAMA, *En regard des jours*, 2011.
97 – Claire GARNIER-TARDIEU, *Femmes soleil*, 2011.
96 – Ahmed BEN MAHMOUD, *Êtres et Choses*, 2011.
95 – Véronique ELFAKIR, *Dire cela*, 2011.
94 – Arnaud DELCORTE, *Ecume noire*, 2011.
93 – Jamal KHAÏRI, *Patrie-cide, Poèmes transférés de l'arabe marocain*, 2010.
92 – Ludmilla PODKOSOVA, *Les déserts de l'amour ou les nouveaux visages de Rimbaud*, 2010.
91 – Chantal ENRIGHT, *L'Orphelin*, 2010.
90 – Hocéïn FARAJ, *Brisé de toi*, 2010,
89 – Vincent BOUTON, *Envahis par nous-mêmes*, 2010.
88 – Elsa SFARTMAN, *Petites Offrandes Particulières*, 2010.
87 – FACINET, *Poèmes sans papiers ou opéra-slam*, 2010.
86 – Adjmaël HALIDI, *Oraisons vespérales*, 2009.
85 – Emmanuel BERLAND, *Dans la cabane du philosophe*, 2009.
84 – Rachid Khaless, *Dissidences*, 2009.
83 – Kassim DEMBELE, *Vents de Grâce*, 2009.
82 – Jean FOUCAULT, *Comme deux gouttes d'eau* suivi de *A l'orange*, 2009.
81 – Stéphane KROVIN, *Égale ou ailleurs*, 2009.
80 – Anne-Marie BERNAD, *Reviens à l'innocence*, 2009.
79 – Dadié ATTEBI, *Les derniers rayons de soleil*, 2009.
78 – Patrick BERTA FORGAS, *La chambre des hommes*, 2009.
77 – Laurence BOUVET, *Traversée obligatoire*, 2009.
76 – Hassan WAHBI, *Ici*, 2009.
75 – Lorraine POBEL, *Ils oubliaient la vie*, 2009.
74 – Christophe BRUNSKI, *La beauté de l'effondrement*, 2009.
73 – Marc Williams DEBONO, *L'Epissure des Mots*, 2008.
72 – Bellarmin MOUTSINGA, *Le Chant de l'aube*, 2008.
71 – Françoise UGOCHUKWU, *A la vitre des nuits*, 2008.
70 – Jean-François COCTEAU, *Entre silence et lumière*, 2008.
69 – Odelin SALMERON, *Les sept chemins du vent*, 2008.
68 – Umar TIMOL, *Vagabondages* suivi de *Bleu*, 2008.
67 – Samoth NORDNEG, *Le sonneur de puits*, 2008.
66 – Colette LEINMAN, *Ce qui reste d'écorce*, 2008.
65 – Widad AMRA, *Salam, Shalom*, 2008.
64 – J.-J. S. DABLA, *L'Éternité mythique* , 2008.
63 – Marie-Noëlle AGNIAU, *La Tactique des Anges*, 2008.
62 – George ELLENBOGEN, *Matin d'horreur*, 2008.

61 – Thomas VERCRUYSSE, *Vertige de la flamme*, 2008.
60 – Danièle MAOUDJ, *Rives en chamade*, 2008.
59 – Michel JAMET, *Dans l'azur nos mains*, 2007.
58 – Rachid MANSOUM, *Les ailes du silence*, 2007.
57 – Marie-Christine MASSET, *Et pourtant elle tourne*, 2007.
56 – Nicolas JAEN, *La traversée*, 2007.
55 – Jacques GUIGOU, *Prononcer Garder*, 2007.
54 – Claude-Raphaël SAMAMA, *La présence et l'exil*, 2007.
53 – FACINET, *Poèmes des bouts de la langue ou Opéra-slam*, 2007.
52 – Nicole HARDOUIN, *Le rire de l'ombre*, 2007.
51 – Mariah Van DIJCK, *Noces ou l'Eveil d'un dieu*, 2007.
50 – Jean Pol SIMOND, *Autre neige avant le regard*, 2007.
49 – Danièle OUANES, *Méditations et larmes d'ambre*, 2007.
48 – Patrick BERTA FORGAS, *Les dictatures du paradis*, 2007.
47 – Bernard ANTOUN, *Beauté perforée*, 2007.
46 – Jean-Claude MORERA, *Cairns,* 2007.
45 – Ursula BECK, *Jusque dans le cœur du bleu sauvage*, 2007
44 – Maryse ROSSI, *Vers le silence des questions*, 2007.
43 – Nicole BARRIERE, *Et si c'était ELLE*, 2007.
42 – Pascal FAUVEL, *Les surfaces de glace*, 2007.
41 – Jean-François COCTEAU, *Présence verticale*, 2007.
40 – Annalisa COMES, *Ouvrage de dame*, 2007.
39 – Patrick DURANTOU, *Les chants du lointain*, 2006.
38 – Soisik LIBERT, *Bal en face*, 2006.
37 – Christian CAZALS, *Heures africaines*, 2006.
36 – Walid Amri, *Sudalterne suivi de La louve lovée*, 2006.
35 – Mirna HANNA, *Printemps nus*, 2006.
34 – Paul N'ZO MONO, *La lumière sur la chandelle*, 2006.
33 – Yvette BALANA, *Je suis la femme fleurie*, 2006.
32 – Rébecca GRUEL, *L'œuf de sang,* 2006.
31 – Edouard MABANZA, *Afrique des amants*, 2006.
30 – Michel JAMET, *Haute soit la rive*, 2006.
29 – Jean-Luc RANNOU, *Je prépare ma naissance*, 2006.
28 – Michel JAMET, *Haute soit la rive*, 2006.
27 – Henri PEMOT, *L'exclu(e),* 2006.
26 – Jimmy GLADIATOR, *A spleen vaillant d'un rien possible*, 2005.
25 – Alix de FONTANGES, *Vénus abyssale*, 2005.
24 – Lionel BOCHURBERG , *Cent tendres*, 2005.
23 – Sylvie LE SCOUARNEC, *Le tain de ta voix*, 2005.
22 – Raphaël HEYER, *Et le Vent sur les eaux*, 2005.
21 – Ouaga-Ballé DANAÏ, *Paroles de mes regards,* 2005.
20 – Henri PEMOT, *Terre assiégée*, 2005;
19 – Bernard SINTES, *Le rameau d'offertoire*, 2005
18– Louis RAOUL, *Le sens éclaté*, 2005.

17– Seydou BEYE, *La mer retournée*, 2005.
16– Maha BEN ABDELADHIM, *Vêtue de tes départs*, 2004
15– Giovanni RUGGIERO, *Sortie du coma*, 2004.
14– Max URBAN, *la diva de la vie*, 2004
13– Nicole BARRIÈRE, *Les ombres et le feu*, 2004.
12– Alix DE FONTANGES, *Saturnales revisitées*, 2004.
11– Franck OGAN-BADA, *Tchiankpli*, 2004.
10– Mathieu BLOND, *La joie,* 2003.
9 –Kmal Ben HAMEDA, *Le Saint je*, 2003.
8 – Michel DUCOBU, *L'Ivresse traversière,* 2003.
7 – Paul RODDIE, *Terrains vagues, terrains précis*, 2003.
6 –Nicolas SERVISSOLLE, *à la lice*, 2003.
5 – Aymen HACEN, *Dans le creux de ma main*, 2003.
4 – Hanna MIRNA, *Nouvelles du néant inverse,* 2003.
3 – Pierre MINOT, *Fine l'âme*, 2002.
2 – Mathieu BLOND, *Exode,* 2002.
1 – Isabelle LAGNY, *Journal derrière le givre*, 2002.

L'HARMATTAN ITALIA
Via Degli Artisti 15; 10124 Torino
harmattan.italia@gmail.com

L'HARMATTAN HONGRIE
Könyvesbolt ; Kossuth L. u. 14-16
1053 Budapest

L'HARMATTAN KINSHASA
185, avenue Nyangwe
Commune de Lingwala
Kinshasa, R.D. Congo
(00243) 998697603 ou (00243) 999229662

L'HARMATTAN CONGO
67, av. E. P. Lumumba
Bât. – Congo Pharmacie (Bib. Nat.)
BP2874 Brazzaville
harmattan.congo@yahoo.fr

L'HARMATTAN GUINÉE
Almamya Rue KA 028, en face
du restaurant Le Cèdre
OKB agency BP 3470 Conakry
(00224) 657 20 85 08 / 664 28 91 96
harmattanguinee@yahoo.fr

L'HARMATTAN MALI
Rue 73, Porte 536, Niamakoro,
Cité Unicef, Bamako
Tél. 00 (223) 20205724 / +(223) 76378082
poudiougopaul@yahoo.fr
pp.harmattan@gmail.com

L'HARMATTAN CAMEROUN
TSINGA/FECAFOOT
BP 11486 Yaoundé
699198028/675441949
harmattancam@yahoo.com

L'HARMATTAN CÔTE D'IVOIRE
Résidence Karl / cité des arts
Abidjan-Cocody 03 BP 1588 Abidjan 03
(00225) 05 77 87 31
etien_nda@yahoo.fr

L'HARMATTAN BURKINA
Penou Achille Some
Ouagadougou
(+226) 70 26 88 27

L'HARMATTAN SÉNÉGAL
10 VDN en face Mermoz, après le pont de Fann
BP 45034 Dakar Fann
33 825 98 58 / 33 860 9858
senharmattan@gmail.com / senlibraire@gmail.com
www.harmattansenegal.com